인터넷
(Microsoft Edge) **활용**

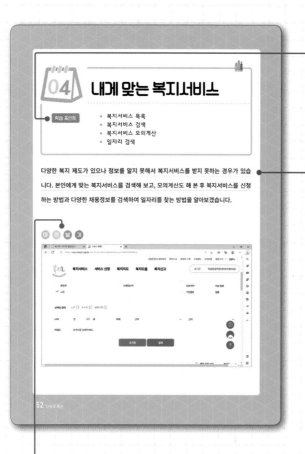

학습 포인트

이번에 학습할 핵심 요소를 살펴봅니다.

학습 목표

무엇을 학습할지 알고 시작합니다.

미리보기

학습 결과물을 미리 살펴봅니다.

학습 다지기

실습 전에 학습할 내용을 간단히 살펴
봅니다.

실력 다듬기

활용 예제를 따라하기 방식으로 학습합니다.

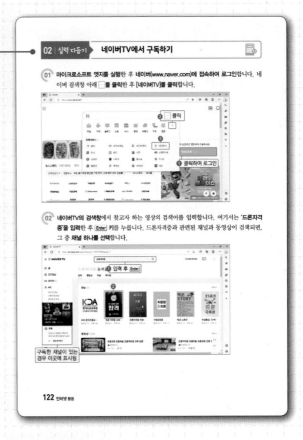

실력 다지기

1 정부24에서 본인이 살고 있는 지역의 지적도 등본을 발급받아 봅니다(단, 축척은 600으로 합니다).

2 폐가전제품 배출예약시스템에서 수거 신청을 해봅니다.

- 폐가전 : 냉장고
- 배출일시 : 현재 날짜에서 일주일 후 배출 요일인 화요일이나 목요일 중에서 선택

- 폐가전제품 배출예약시스템 사이트에 접속 : www.15990903.or.kr
- 배출 예약 신청 : [수거예약하기] 버튼 클릭(또는 상단의 [배출예약] 클릭) → 배출예약을 하면 카카오톡 메시지로 예약번호가 전송됨
- 배출 예약 조회 및 취소 : 상단의 [배출예약]-[예약내용 조회/취소] 클릭 → 예약 시 입력한 연락처와 전송받은 예약번호 입력 → 예약 내용 확인 후 취소를 원할 경우 [접수완료] 클릭 → [취소하기] 버튼 클릭

05. 우리 집의 주민센터 **85**

실력 다지기

응용 예제를 통해 학습 내용을 정리하고 복습합니다.

참 고

· 인터넷의 정보와 웹사이트에서 제공하는 서비스는 수시로 변경되기 때문에 학습하는 시점에 따라 교재와 다를 수 있습니다.

· 이 책은 윈도우11에서 마이크로소프트 엣지를 사용하는 것을 기준으로 설명하나 윈도우10에서 실습해도 됩니다.

 이 책의 **목차**

🖐 마이크로소프트 엣지의 화면 구성

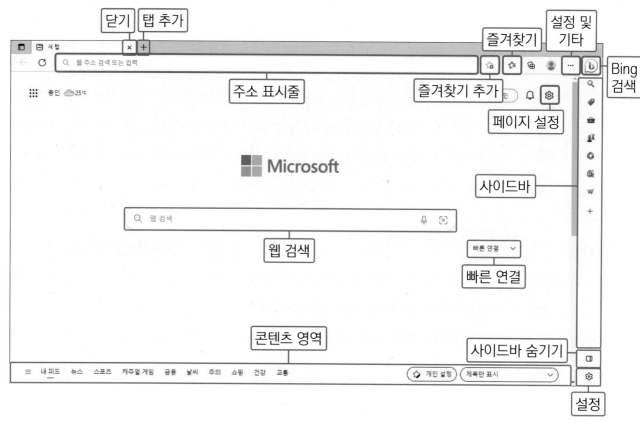

🖐 도메인 주소의 구성

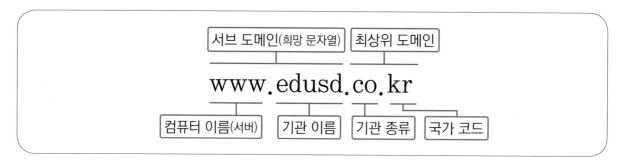

🖐 대표적인 포털 사이트

- 네이버 : www.naver.com
- 구글 : www.google.com
- 다음 : www.daum.net
- 네이트 : www.nate.com

생활 속 인터넷 정보 찾기

학습 포인트

- 통합 검색 서비스
- 연관 검색어
- 음력/양력 날짜 변환
- 만 나이 계산
- 이자 계산
- 환율 정보
- 휴일 약국 정보

인터넷을 잘 활용하려면 각종 정보를 빠르고 정확하게 검색할 수 있어야 합니다. 포털 사이트에서 제공하는 통합 검색 서비스를 활용하여 필요한 정보를 빠르고 폭넓게 검색할 수 있는 방법과 포털 사이트에서 제공하는 각종 정보를 활용하는 방법을 알아보겠습니다.

미 리 보 기

01 | 학습 다지기   인터넷 정보 검색 서비스

Step 01   통합 검색 서비스

네이버의 통합 검색 서비스는 세계 최초로 선보인 서비스로 검색어와 관련된 웹 문서 위주의 검색 결과를 보여주는 것이 아니라 한 번의 검색으로 블로그, 이미지, 동영상, 웹사이트, 실시간 검색, 카페 등 영역별로 모아서 한 번에 보여주는 서비스입니다.

현재는 다른 포털 사이트에서도 통합 검색 서비스를 하고 있으며, 검색할 때 영역별 탭을 활용하면 원하는 검색어와 관련된 영역만 모아서 볼 수 있습니다.

① **검색창과 검색 버튼** : 검색창에 검색어를 입력한 후 Enter 키를 누르거나 검색창 옆의 🔍 버튼을 클릭하면 VIEW, 이미지, 동영상 등 모든 영역의 통합 검색을 할 수 있습니다.

② **검색 탭** : 검색어와 관련된 통합 검색 외에 VIEW, 이미지, 동영상 등 원하는 영역의 결과를 보려면 해당 영역 검색 탭을 클릭합니다.

③ **검색옵션** : [검색옵션]을 클릭하면 정렬, 기간, 옵션초기화를 설정하여 검색할 수 있습니다.

검색할 때 검색어와 관련된 연관 검색어는 사용자의 검색 의도를 파악하여 적합한 검색어를 제공해 줍니다. 사용자의 검색 추이, 검색 이용 형태, 연관도 등을 시스템에서 자동으로 분석하여 노출하기 때문에 연관 검색어는 수시로 변할 수 있습니다.

만약 '이자'를 검색하면 연관 검색어로 '이자 계산기', '예금 이자' 등과 신체 장기에 해당하는 '췌장'이나 '이자 뜻'을 추천함으로써 사용자가 찾고자 하는 정보에 빠르게 접근할 수 있게 도와주는 역할을 합니다.

다음과 구글에서의 연관 검색어

• 다음에서는 네이버의 연관 검색어에 해당하는 기능이 '관련'이라는 항목으로 상단에 배치되어 있습니다.

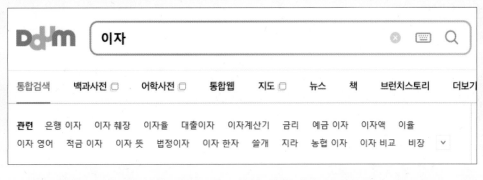

• 구글에서는 '관련 검색어'라는 항목으로 서비스하고 하단에 배치되어 있습니다.

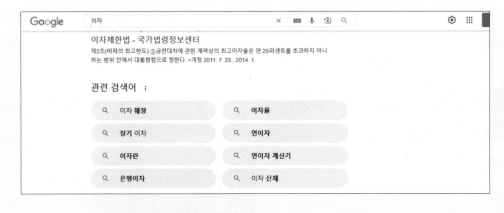

Step 01 음력 날짜 보기

01 [시작(▦)]–[Edge(◯)]를 클릭합니다.

더블 클릭해서
실행해도 됩니다.

바탕 화면에 마이크로소프트 엣지의 바로 가기 아이콘(◯)이 있다면 더블 클릭하여 실행합니다.

02 네이버(www.naver.com)에 접속한 후 **검색창에 '음력'이라고 입력**하고 Enter 키를 누릅니다.

① 입력 후 Enter
② 입력 후 Enter

03 검색 결과에서 달력정보를 살펴보면 달력의 현재 날짜(⑩ 2023.05.13)가 음력일 때 양력날짜(⑩ 2023.06.30)를 표시하고 있습니다.

04 사람에 따라 음력 생일만 기억하고 양력 생일을 모르거나 양력 생일만 기억하고 음력 생일을 모르는 경우가 있습니다. **사용자의 음력 생일을 입력**한 후 [음력→양력] 설정은 그대로 두고 **[변환] 버튼을 클릭**합니다.

05 입력한 음력 날짜 아래에 빨간색의 양력 날짜가 변환되어 나타납니다.

양력 생일만 알고 음력 생일을 모르는 경우

양력 생일을 입력하고 [양력→음력]으로 설정한 후 [변환] 버튼을 클릭하면 입력한 양력 날짜 아래에 음력 날짜가 빨간색으로 표시됩니다.

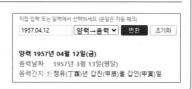

Step 02 **만 나이 계산하기**

01 달력정보에서 **[만나이계산]** 탭을 클릭합니다.

02 기준일에는 현재 날짜가 표시되어 있습니다. **[출생일]에 본인의 양력 생일을 입력**한 후 **[계산하기] 버튼을 클릭**합니다.

기준일도 특정 날짜로 변경하여 만 나이를 계산할 수 있습니다. [초기화] 버튼을 클릭하면 초기화되어서 만 나이를 다시 계산할 수 있습니다.

03 기준일에 해당하는 날짜로 계산한 만 나이와 띠가 표시됩니다.

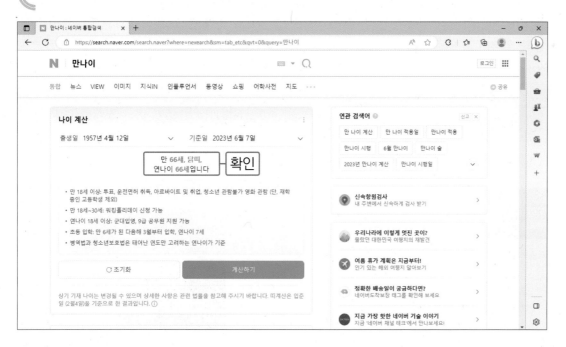

음력 생일 기준으로 만 나이를 계산하면 계산이 틀릴 수 있습니다. 음력 생일만 알고 있을 때는 먼저 양력 생일을 확인한 후 만 나이를 계산해야 합니다.

01 네이버의 검색창에 '이자'라고 **입력**하고 Enter 키를 누릅니다. '이자'에 관한 검색 결과가 나타납니다. 연관 검색어 중에서 **[이자 계산기]를 클릭**합니다.

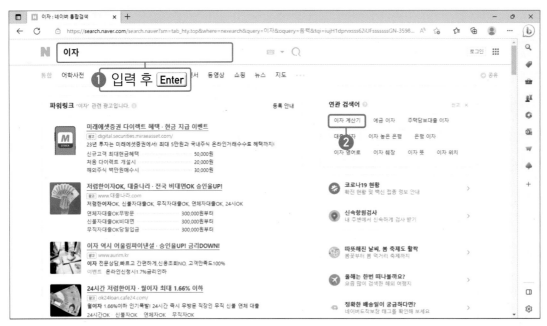

자동완성 서비스

검색창에 검색어의 일부만 입력해도 입력한 문자가 포함된 다양한 완성어를 추천해 주는 서비스입니다. 추천 완성어는 이용자들의 검색 이용 행태 및 주요 정보 반영 등으로 인해 변할 수 있습니다. 한글뿐만 아니라 영어, 한자, 일본어 등 외국어를 입력해도 자동완성이 제공됩니다.

추천된 완성어 중 찾고 싶은 것이 있다면 마우스로 클릭하여 선택하거나 키보드의 방향키를 이용하여 선택한 후 Enter 키를 누릅니다.

02 이자 계산기의 [적금] 탭에서 **월적립액은 '200,000원'**, 적금기간은 '년'에 '3년'으로 입력하고, **연이자율은 '단리'에 '5%'로 입력**합니다. 계속해서 **이자과세는 [일반과세]**를 클릭하여 설정한 후 **[계산하기] 버튼**을 클릭합니다.

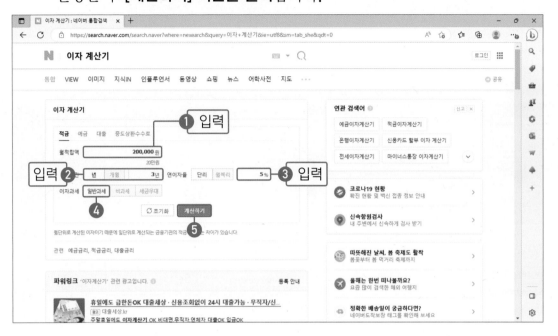

03 계산된 원금합계, 세전이자, 이자과세 및 세후 수령액을 확인합니다.

04 이자과세에서 [세금우대]를 클릭한 후 우대세율을 '1.4%'로 설정하고 [계산하기] 버튼을 클릭합니다.

05 다시 계산된 이자과세와 세후 수령액을 확인한 후 세금우대 전의 세후 수령액과 비교해 봅니다. 실제 정기적금을 가입하기 전에 이자를 계산하여 비교해 본 후 가입하는 것이 좋습니다.

Step 04 환율 정보 보기

01 네이버의 검색창에 '환율'이라고 입력하고 Enter 키를 누릅니다. 검색 결과에서 해외정보를 살펴보면 미국 USD 1달러가 대한민국 KRW 원화로 얼마인지 확인할 수 있습니다.

환율

자기 나라 돈과 다른 나라 돈을 교환할 때의 비율을 뜻합니다. 외국 여행 등을 할 때 자기 나라 돈과 다른 나라 돈을 교환할 때 일정 수수료를 내고 환전할 수 있습니다.

02 [미국 USD]를 클릭하여 여러 국가 중 [유럽연합 EUR]을 선택합니다.

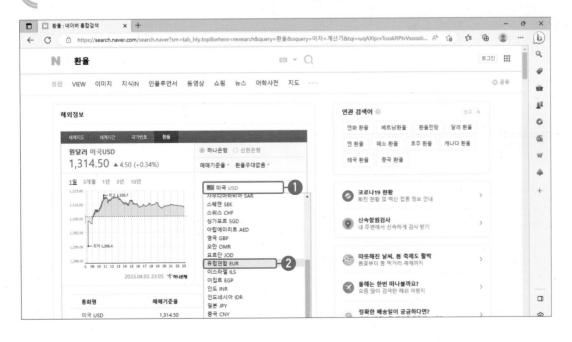

03 [유럽연합 EUR]을 '150'유로로 **설정**하면 아래쪽의 [대한민국 KRW]에 자동으로 150유로에 해당하는 원화가 계산되어 표시됩니다.

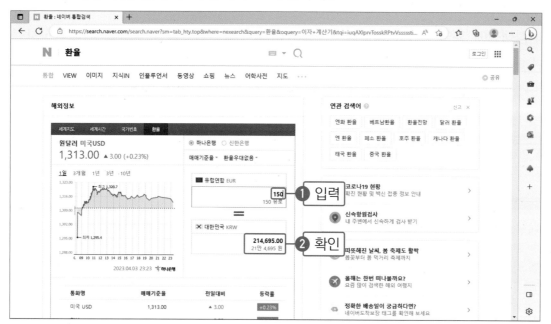

04 다른 국가를 설정하여 환율을 알아볼 수 있습니다.

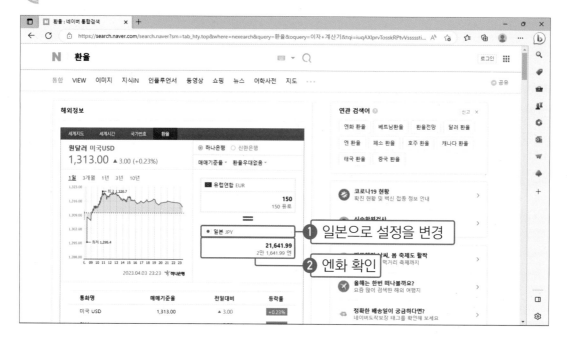

01 네이버의 검색창에 '휴일약국'이라고 **입력**하고 [Enter] **키**를 누릅니다. 검색 결과에서 **웹사이트의 [휴일지킴이약국]**을 클릭합니다.

02 휴일지킴이약국 사이트에 접속하면 **[휴일지킴이약국 검색] 탭**을 클릭하고 **날짜, 시간, 지역**을 설정한 후 **[검색] 버튼**을 클릭합니다.

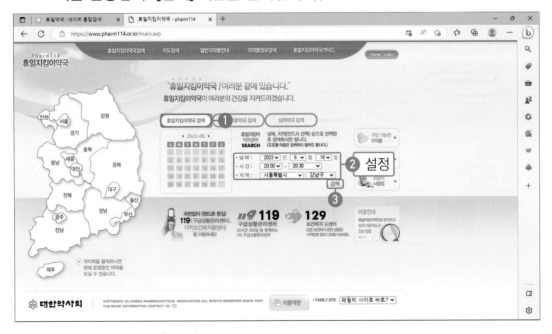

03 설정한 날짜, 시간, 지역의 휴일지킴이약국이 검색됩니다. 방문할 약국에 미리 전화를 걸어 확인한 후 방문하는 것이 좋습니다.

네이버의 검색창에서 '휴일병원'을 검색한 후 [플레이스]에서 '진료과목'을 설정하면 휴일에 진료하는 주변 병원을 찾아볼 수 있습니다.

실력 다지기

1 오늘 날짜에 해당하는 나의 만 나이를 계산해 봅니다. (2023년 6월 28일부터는 만나이통일법에 의해 나이 앞에 '만'을 사용하지 않게 됩니다.)

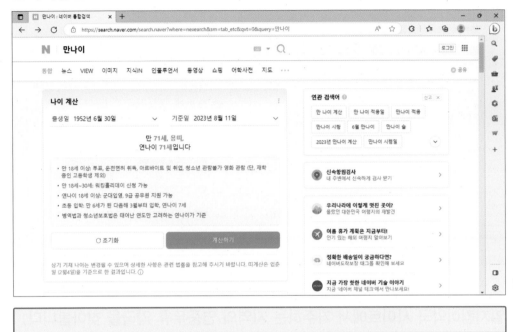

2 다음처럼 정기 적금을 가입했을 때 만기 시 세금을 제한 수령액은 얼마인지 구해 봅니다.

> 매월 35만원씩 5년 만기 정기 적금을 가입하려고 합니다. 금리는 3.7%이고, 일반 과세입니다.

3 미국 100달러에 해당하는 중국 위안화가 얼마인지 현재 환율을 알아봅니다.

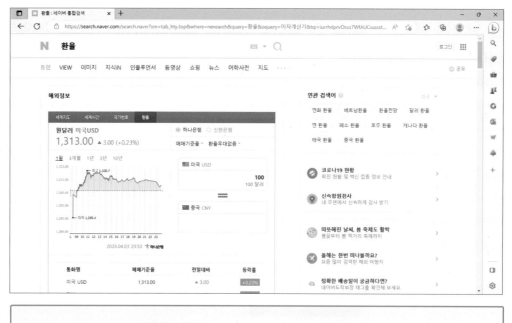

4 휴일지킴이약국 사이트에서 거주하는 지역의 연중무휴 약국을 찾아봅니다.

힌트 '휴일지킴이약국(www.pharm114.or.kr)'에 접속 → [연중무휴약국 검색] 탭 클릭 → [지역] 설정 → [검색] 버튼 클릭

공짜로 배우기

학습 포인트

- 온라인 교육
- 회원가입
- 휴대폰 인증
- 수강신청

'온라인 학습'은 컴퓨터와 인터넷만 있으면 학원까지 직접 찾아가지 않아도 아무 때나 장소에 상관없이 원하는 과목을 수강할 수 있습니다. 온라인 학습을 할 수 있는 방법에 대해서 알아보겠습니다.

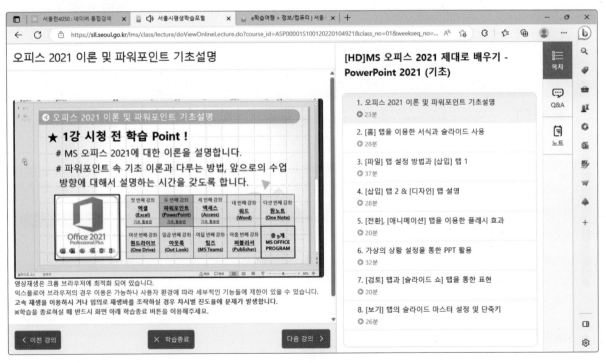

'온라인 교육'이란 인터넷을 통한 원격 교육을 뜻합니다. 2004년 4월부터 한국교육방송공사에서 사교육비 절감 대책으로 중고등학생을 대상으로 한 내신 관리와 수능 대비를 위한 강좌를 EBS에 개설하였습니다. 그 후 온라인 교육이 점차 확대되면서 무료 온라인 교육 사이트 외에도 유료로 서비스하는 교육 사이트들도 많이 생겨났습니다. 일반 강좌와 정보화교육 등 다양한 온라인 교육 사이트가 있어서 일반인도 무료로 교육을 받을 수 있는 기회가 많아졌습니다.

① **서울런4050(sll.seoul.go.kr)**

서울시 평생학습포털이 서울런4050으로 개편되면서 현실적으로 활용할 수 있는 자격증부터 외국어까지 다양한 분야의 질 높은 강의가 많아졌습니다. 중장년이나 서울 시민이 아니어도 누구나 온라인에서 무료로 수강할 수 있습니다. 회원가입을 하지 않아도 학습할 수 있으나, 미가입 시 진도율이나 수료증 발급이 불가하니 회원가입을 한 후 이용하는 것이 좋습니다.

② **늘배움(www.lifelongedu.go.kr)**

국가평생교육진흥원에서 운영하고 있으며, 공공/유관기관 및 국가평생교육진흥원에서 개발한 동영상 평생학습 콘텐츠를 연계하여 제공합니다. 언제, 어디서나, 누구나, 원하는 평생학습 콘텐츠를 회원가입 없이도 무료로 이용할 수 있습니다. 전체 콘텐츠를 사용하려면 회원가입 후 이용하는 것이 좋습니다.

▲ 서울런4050

▲ 늘배움

Step 01 회원가입하기

01 마이크로소프트 엣지를 실행한 후 네이버(www.naver.com)의 검색창에 '서울런4050'을 입력하고 Enter 키를 누릅니다. 검색 결과에서 [서울런4050]을 클릭합니다.

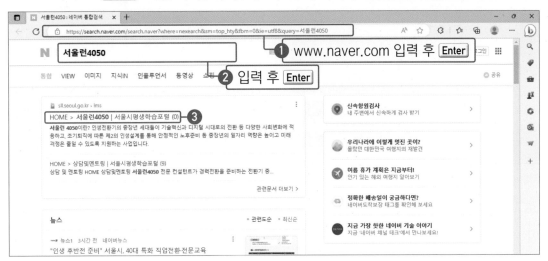

잠깐만 마이크로소프트 엣지의 시작 화면 설정하기

오른쪽 상단의 [설정 및 기타(···)]-[설정]을 클릭한 후 [시작, 홈 및 새 탭]을 클릭합니다. 'Edge가 시작되는 경우'에서 '다음 페이지를 열 수 있습니다'를 선택하고 [새 페이지 추가] 버튼을 클릭한 후 시작 페이지로 설정할 주소(URL)를 입력하여 설정합니다.

02 서울런4050 사이트에 접속하면 [회원가입]을 클릭합니다.

03 계정이 있는 SNS를 선택하여 가입해 보겠습니다. 여기서는 **[네이버 계정으로 시작하기]** 버튼을 클릭합니다.

04 네이버 로그인 창에 **네이버 계정으로 로그인**한 후 **서울시 평생학습포털의 '전체 동의하기'에 체크**한 후 **[동의하기]** 버튼을 클릭합니다. 회원가입 이력이 없다고 회원가입을 진행하겠냐는 메시지 창에 **[확인]** 버튼을 클릭합니다.

01 사용자인증 페이지의 '**약관 전체동의**'에 **체크**한 후 [**핸드폰 인증하기**] 버튼을 클릭합니다.

02 본인이 **이용 중인 통신사를 선택**한 후 '**전체 동의**'에 **체크**하고 [**문자(SNS)로 인증하기**] 버튼을 클릭합니다. **이름, 생년월일/성별, 휴대폰번호를 입력**하고 **보안문자**는 보이는 대로 **입력란에 입력**한 후 [**확인**] 버튼을 클릭합니다. 본인의 휴대폰으로 전송된 6자리 **인증번호를 입력란**에 제한 시간 안에 입력하고 [**확인**] 버튼을 클릭합니다.

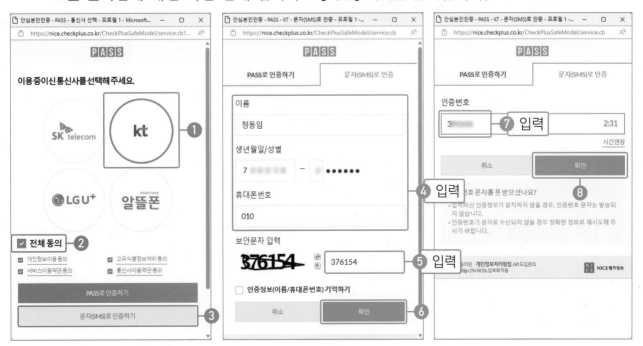

03 회원가입 페이지가 나타나면 네이버에서 불러 온 회원정보가 입력되어 있습니다. 추가로 **성별과 주소만 입력**한 후 휴대폰번호 옆의 **[중복검사] 버튼을 클릭**합니다. 사용 가능한 핸드폰 번호라는 메시지 창에 **[확인] 버튼을 클릭**합니다.

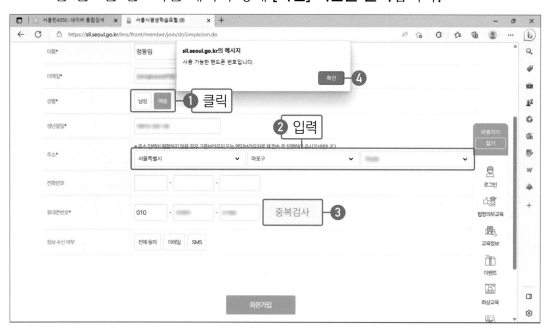

04 **[회원가입] 버튼을 클릭**하면 나타나는 회원가입을 하겠냐는 메시지 창에 **[확인] 버튼을 클릭**합니다.

온라인 사이트에 가입할 때나 본인 확인이 필요할 때 휴대폰으로 본인임을 확인할 수 있습니다. 우리나라의 경우 온라인 사이트 가입 시 1인 1계정을 원칙으로 하는 곳이 많아서 중복 가입을 방지하는 목적으로 사용되는 경우가 많습니다.

05 회원가입이 완료되었다는 메시지 창에 **[확인] 버튼을 클릭**합니다.

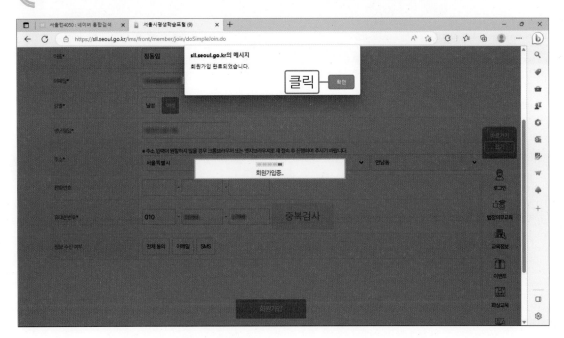

무료 강의 신청하기

01 원하는 강좌를 수강 신청하기 위해 상단 메뉴 중 **[e학습여행]–[정보/컴퓨터]를 클릭**합니다.

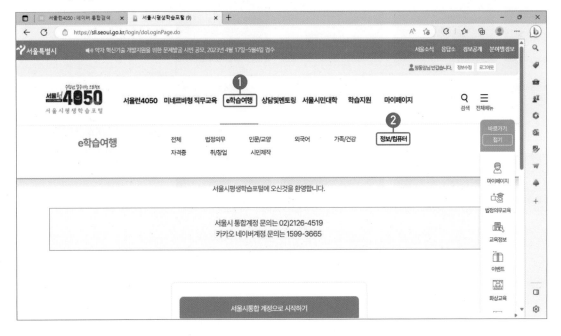

02 [정보/컴퓨터] 중에서 원하는 카테고리를 클릭합니다. 여기서는 **[OA활용]을 클릭**합니다.

03 OA 활용에 관련된 여러 강좌가 펼쳐집니다. **공부할 강의를 클릭**합니다.

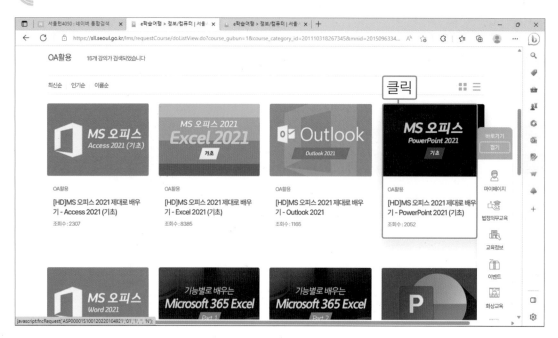

04 해당 강의의 소개와 목차, 리뷰 등을 꼼꼼히 살펴본 후 수강신청을 하기 위해 **[수강신청]** 버튼을 클릭합니다.

05 해당 과목에 대한 수강신청 창에 **[예]** 버튼을 클릭합니다. 수강신청이 완료되었다는 메시지 창에 **[확인]** 버튼을 클릭합니다.

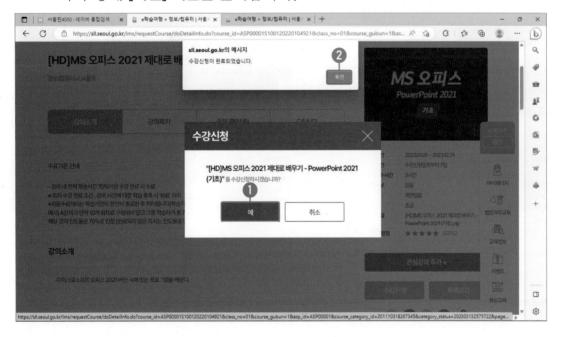

06 학습을 시작하기 위해 **[학습하기]** 버튼을 클릭합니다.

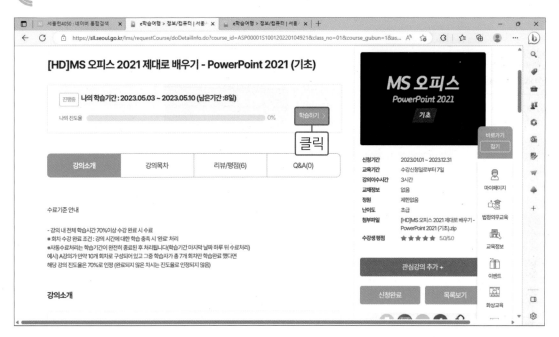

07 강의 목차가 나타납니다. 1차시부터 차례로 공부하기 위해 **1차시의 [강의보기]** 버튼을 클릭합니다.

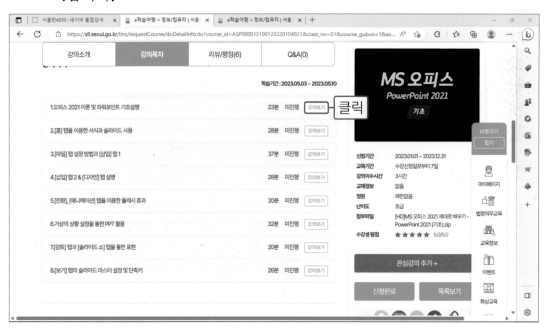

08 영상의 **재생 버튼을 클릭**하여 강의를 듣습니다. **영상이 끝나면** 동영상이 종료되었다는 메시지 창에 **[확인] 버튼을 클릭**합니다. 다음 강의를 들으려면 [다음 강의] 버튼을, 학습을 종료하려면 [학습종료] 버튼을 클릭합니다. 여기서는 **[학습종료] 버튼을 클릭**합니다.

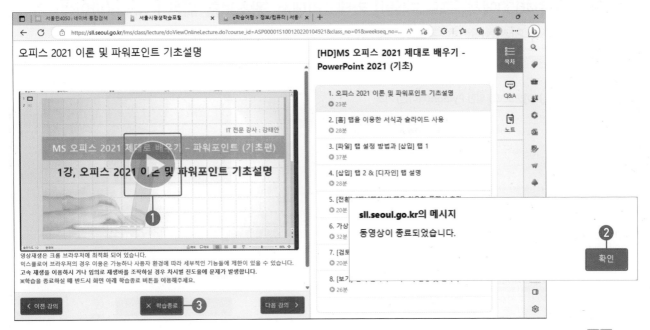

고속 재생을 하거나 재생바를 조작하여 영상을 보면 차시별 진도율에 문제가 생겨서 수료하지 못할 수 있습니다. 반드시 정속도로 영상을 끝까지 봐야 하며, 학습 종료 시에는 [학습종료] 버튼을 클릭해야 합니다.

09 학습을 종료하겠냐는 메시지 창에 **[확인] 버튼을 클릭**합니다. 나의 진도율을 확인할 수 있습니다. 남은 기간동안 해당 과목의 학습을 모두 끝마치면 수료증을 받을 수 있습니다. 다른 과목도 같은 방법으로 수강신청을 하고 공부할 수 있습니다.

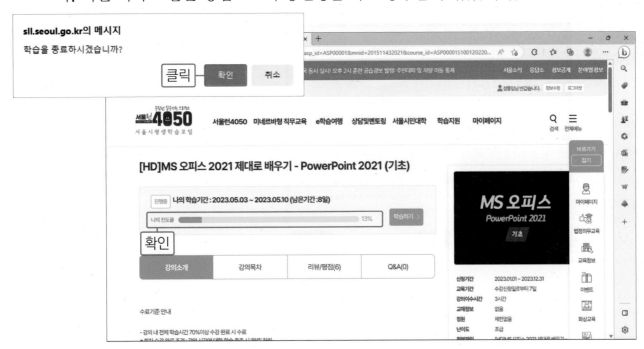

1 서울런4050에서 [프로그래밍] 카테고리에서 '왕초보를 위한 Python(파이썬) 기초'를 수강신청한 후 공부해 봅니다.

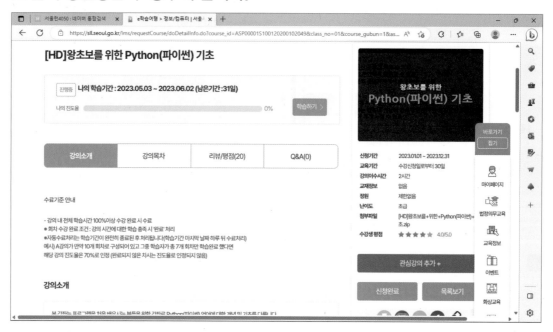

2 서울런4050에서 [취/창업] 중 [시니어취업]에서 '노인일자리 문서작성 및 이해 교육' 강의를 수강신청하지 않고 [그냥 학습하기]로 영상을 재생해 봅니다.

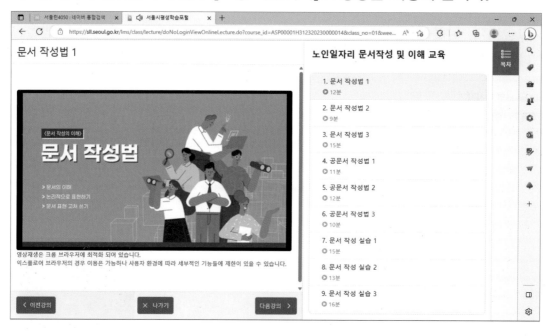

메일, 한 번에 미리 보내기

웹 메일을 활용하면 특정 프로그램을 설치하지 않아도 되고 포털 사이트 계정만 있으면 메일을 주고받을 수 있습니다. 같은 메일을 한 번에 여러 명에게 전송하고, 예약한 시간에 메일을 보내는 방법과 보낸 메일을 상대방이 읽었는지 확인하는 방법을 알아봅니다. 상대방이 보낸 파일을 내 PC에 저장하고 압축된 파일은 압축을 푼 후 저장하는 방법에 대해서 알아보겠습니다.

웹 메일(Web Mail)은 웹(Web)과 이메일(Email)이 결합된 말로, 어느 컴퓨터에서든지 인터넷에 접속한 후 아이디와 비밀번호만 입력하면 웹 브라우저 상에서 자신의 메일을 확인하고 상대방에게 메일을 보낼 수 있습니다. 대표적인 웹 메일로는 네이버(NAVER) 메일, 다음(Daun) 메일, 구글(Google) 지메일(Gmail) 등이 있습니다.

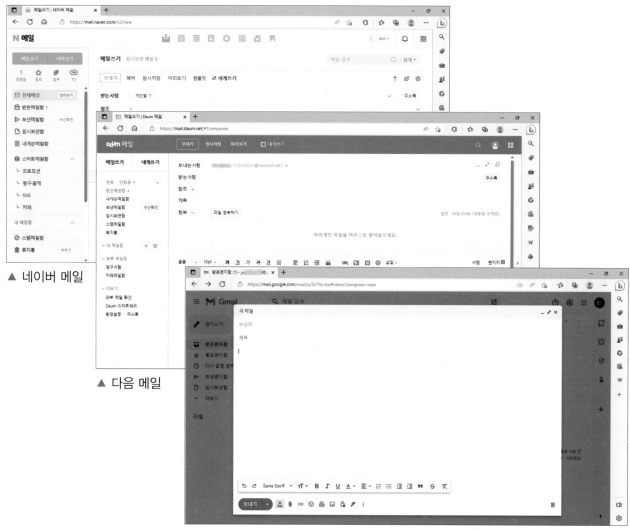

▲ 네이버 메일

▲ 다음 메일

▲ 구글 지메일

윈도우에서 기본으로 제공하는 '메일' 앱에 사용하는 메일 주소와 비밀번호를 설정하면 웹 브라우저를 실행해 웹 메일에 접속하지 않아도 이메일을 주고받을 수 있습니다.

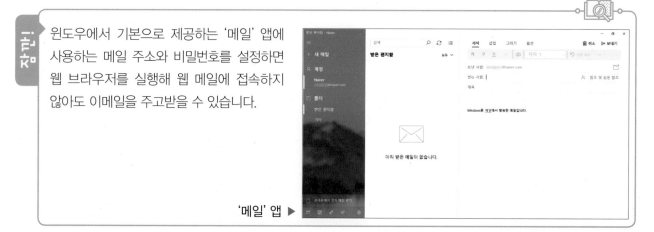

'메일' 앱 ▶

Step 01 여러 사람에게 메일 보내기

01 마이크로소프트 엣지를 실행해 네이버(www.naver.com)에 접속한 후 오른쪽의 [NAVER 로그인] 버튼을 클릭합니다.

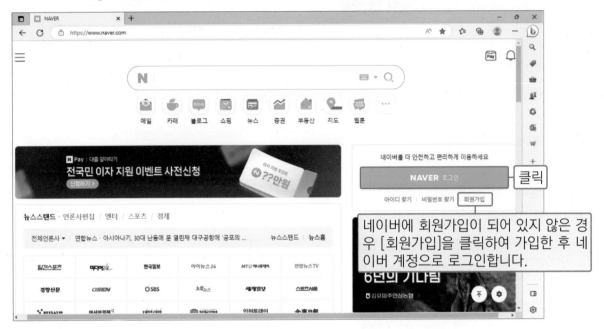

02 네이버 로그인 페이지에서 **아이디와 비밀번호를 각각 입력**한 후 [로그인] 버튼을 클릭합니다.

03 로그인한 후 상단 메뉴 중 **[메일]**을 클릭합니다.

04 새 메일을 작성하기 위해 왼쪽 상단의 **[메일쓰기]**를 클릭합니다. [받는 사람] 입력란에
상대방의 **이메일 주소를 입력**한 후 Enter 키를 누릅니다.

05 이메일 주소 사이에는 Enter 키를 눌러 한 번에 **같이 보낼 이메일 주소를 모두 입력**합니다. **[제목]과 [내용] 입력란에 내용을 입력**하고 **[보내기] 버튼을 클릭**합니다.

여러 사람에게 한 번에 이메일을 보낼 때는 이메일과 이메일 사이에 ','나 ';' 또는 Space Bar 키를 눌러도 이메일 주소를 추가할 수 있습니다.

06 메일을 성공적으로 보냈다는 메시지가 나타납니다.

01 메일을 보낸 후에 이름이 없는 이메일 주소 앞에 각각 **이름을 입력**한 후 [**주소록에 저장**] 버튼을 클릭합니다.

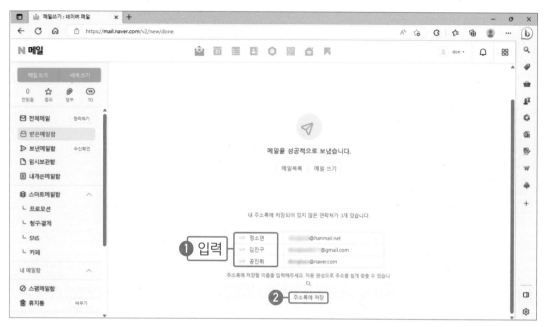

02 주소록에 저장하겠냐는 메시지 창에 [**확인**] 버튼을 클릭한 후 [**주소록 확인하기**] 버튼을 클릭합니다.

03 □를 클릭하여 연락처 전체를 선택한 후 [이동] 버튼를 클릭합니다. 새 그룹 창에 '동창회'라고 입력하고 [추가] 버튼을 클릭한 후 [이동] 버튼을 클릭합니다.

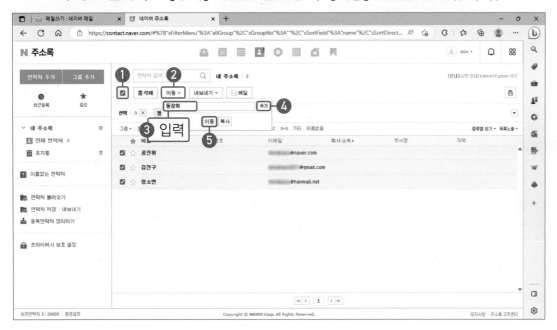

04 선택한 그룹에만 속하도록 연락처를 이동하겠냐는 메시지 창에 [확인] 버튼을 클릭합니다. 동창회라는 그룹에 선택한 연락처가 모두 속하게 됩니다.

01 새 메일을 작성하기 위해 왼쪽 상단의 **[메일쓰기]**를 **클릭**합니다. [받는 사람] 입력란 옆의 **[주소록]** 버튼을 **클릭**합니다.

02 [메일 주소록] 창이 나타나면 이메일을 보낼 **그룹명을 체크**한 후 **[확인]** 버튼을 **클**릭합니다.

03 [받는사람] 입력란에 그룹명이 추가됩니다. **[제목]**과 **[내용] 입력란에 내용을 입력**하고 **[보내기] 버튼을 클릭**합니다.

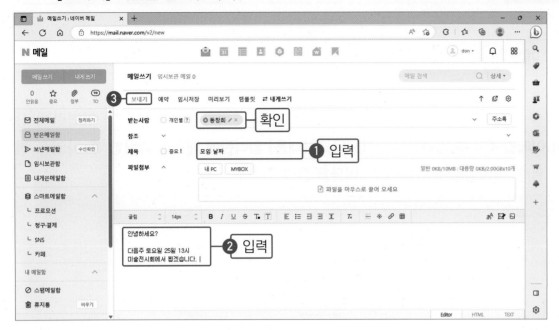

04 주소록에 등록된 동창회 그룹에 속한 여러 사람에게 한 번에 메일이 전송됩니다.

예약하여 자료 보내고 받기

Step 01 메일에 파일 첨부하기

01 새 메일을 작성하기 위해 왼쪽 상단의 **[메일쓰기]**를 클릭한 후 [받는사람] 입력란에 상대방의 **이메일 주소를 입력**합니다. **[제목]**과 **[내용]** 입력란에 내용을 입력한 후 파일을 첨부하기 위해 **[파일첨부]**에서 **[내 PC]** 버튼을 클릭합니다.

> 주소록에 연락처(이메일 주소)를 추가해 두면 [받는사람] 입력란에 상대방의 이름을 첫 글자만 입력해도 등록한 이메일 주소가 나타나서 선택할 수 있습니다.

02 [열기] 대화상자가 나타나면 첨부할 파일이 있는 폴더를 찾아 **파일을 선택**하고 **[열기]** 버튼을 클릭합니다.

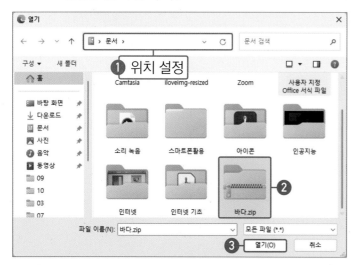

03 **파일이 첨부된 것을 확인**합니다.

Step 02 예약 발송하기

01 이메일을 예약 발송하기 위해 **[예약]** 버튼을 클릭합니다. [발송 예약] 창에서 기준시간
은 '서울, 도쿄'로 두고, 예약시간에서 **전송할 날짜와 시간을 설정**한 후 **[확인]** 버튼을 클
릭합니다.

발송 예약은 메일을 입력한 날로부터 5년 이내의 날짜로 설정할 수 있고, 최대 30통까지 예약할 수 있습
니다.

02 [보내기] 버튼 아래에 예약 날짜와 시간이 표시됩니다. 예약 전송을 하기 위해 **[보내기]**
버튼을 클릭합니다.

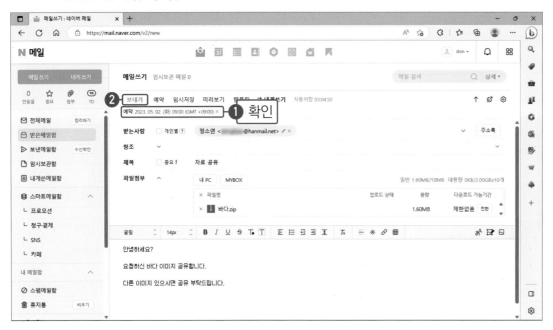

03 메일 발송 예약이 완료되었다는 메시지가 나타납니다.

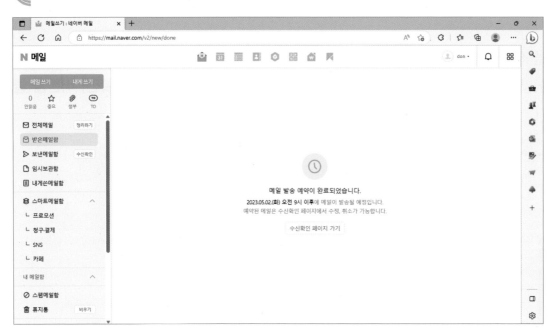

01 왼쪽 [보낸메일함] 옆의 **[수신확인] 버튼을 클릭**합니다. 수신확인 페이지가 나타나면 보낸 메일 목록에서 상대방이 메일을 수신했는지 확인할 수 있습니다. 예약 전송한 메일에는 파란색으로 '예약' 그리고 '발송전'으로 표시됩니다.

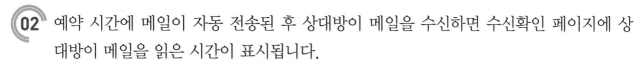
수신확인 페이지에서 예약 전송 전이라면 메일을 수정, 취소할 수 있습니다.

02 예약 시간에 메일이 자동 전송된 후 상대방이 메일을 수신하면 수신확인 페이지에 상대방이 메일을 읽은 시간이 표시됩니다.

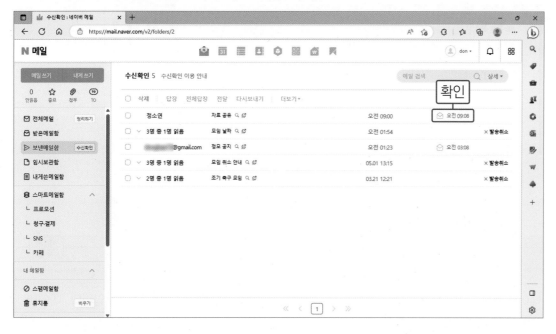

01 　새로 받은 메일이 있을 경우 [받은메일함]에 숫자가 표시됩니다. **[받은메일함]을 클릭**한 후 받은 메일 목록 중 새로 받은 **메일의 제목을 클릭**합니다. 첨부 파일이 있는 경우 📎 아이콘이 표시됩니다.

02 　메일에 첨부된 파일을 내 PC에 저장하려면 첨부된 파일명을 클릭하거나 ⬇을 클릭합니다. 여기서는 **파일명을 클릭**합니다. 다운로드 창이 나타나면 **[파일 열기]를 클릭**합니다.

> **잠깐만요**
>
> **MYBOX**
>
> MYBOX는 네이버에서 제공하는 클라우드로 파일을 저장하고 활용할 수 있는 웹 저장 공간입니다. 네이버 계정이 있으면 30GB를 무료로 사용할 수 있습니다.

03 저장이 완료되면 자동으로 저장된 폴더가 열립니다. 예시의 첨부 파일은 압축 파일이기 때문에 [파일 탐색기] 창에 [압축 풀기] 상황 탭이 표시됩니다. 압축을 풀기 위해 **[압축 풀기]를 클릭**합니다.

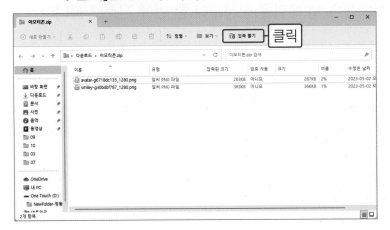

04 [압축(Zip) 폴더 풀기] 대화상자가 나타납니다. [찾아보기] 버튼을 클릭하여 원하는 폴더를 지정할 수 있으나 여기서는 압축 파일이 저장되어 있는 곳에 그대로 압축을 풀기 위해 압축을 푸는 폴더를 변경하지 않은 채 **[압축 풀기] 버튼을 클릭**합니다.

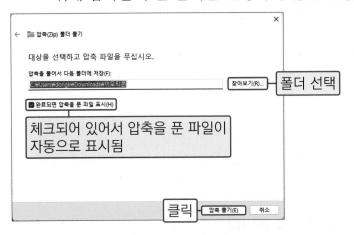

05 압축을 푼 파일이 표시됩니다.

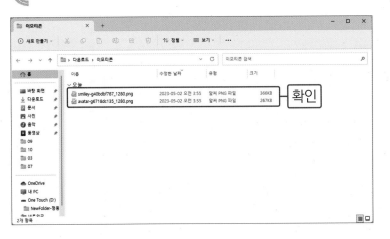

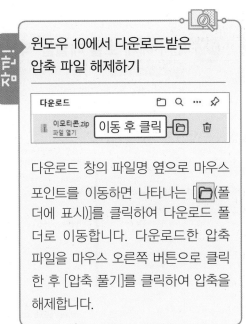

윈도우 10에서 다운로드받은 압축 파일 해제하기

다운로드 창의 파일명 옆으로 마우스 포인트를 이동하면 나타나는 [(폴더에 표시)]를 클릭하여 다운로드 폴더로 이동합니다. 다운로드한 압축 파일을 마우스 오른쪽 버튼으로 클릭한 후 [압축 풀기]를 클릭하여 압축을 해제합니다.

1 다음과 같은 내용으로 친구 4명에게 보낼 메일을 작성하여 한 번에 전송해 봅니다.

> • 제목 : 초대의 글
> • 내용
>
> > 안녕하세요?
> > 이번 주 토요일 자선 행사에 여러분을 초대합니다.
> >
> > 시간 : 7월 19일 16:00
> > 장소 : H 갤러리

2 친구에게 보낼 메일을 작성한 후 예약 발송해 봅니다.

3 [내게쓰기]로 메일을 작성한 후 파일을 첨부하여 전송해 봅니다.

4 [내게쓴메일함]에서 메일을 확인하고, 첨부한 파일을 사용자 컴퓨터의 '다운로드'폴더에 저장해 봅니다. (다운로드한 파일이 압축 파일인 경우 압축까지 해제합니다.)

04 나에게 맞는 복지서비스

- 복지서비스 목록
- 복지서비스 검색
- 복지서비스 모의계산
- 일자리 검색

다양한 복지 제도가 있으나 정보를 알지 못해서 복지서비스를 받지 못하는 경우가 있습니다. 본인에게 맞는 복지서비스를 검색해 보고, 모의계산도 해 본 후 복지서비스를 신청하는 방법과 다양한 채용정보를 검색하여 일자리를 찾는 방법을 알아보겠습니다.

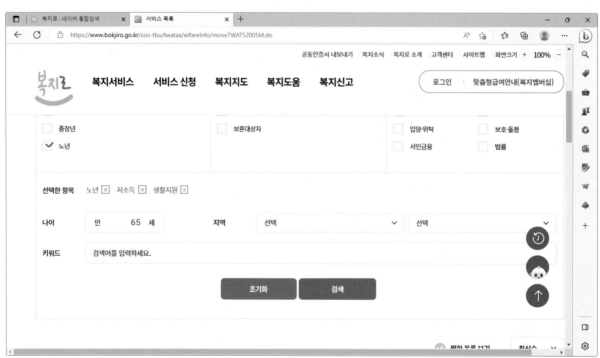

사람은 누구나 행복하게 살 권리가 있습니다. 돈이 없어서 학교를 못 다니는 사람이 없도록, 아픈데 병원을 가지 못하는 사람이 없도록 국가에서 보장해 주어야 합니다. 이를 위해서는 국민은 세금을 의무적으로 잘 납부해야 하고, 국가는 국민의 복지를 위해 일정 수준 이상의 비용을 사용해야 합니다. 우리나라에서는 기초연금, 아동수당, 국민기초생활 보장 등의 혜택을 지원하고 있습니다.

① 복지로(www.bokjiro.go.kr)

다양한 복지 제도 정보와 맞춤형 복지서비스를 간편히 검색할 수 있습니다. 복지서비스는 시간과 장소의 제약 없이 편리하게 온라인으로 신청할 수도 있습니다. 알림을 설정하여 복지 혜택 정보를 받을 수도 있고, 일자리 정보도 찾아볼 수 있습니다.

② 서울복지포털(wis.seoul.go.kr)

서울시에서 운영하는 복지서비스 사이트입니다. 돌봄, 어르신, 중장년, 장애인복지 등 대상에 맞는 복지서비스가 분류되어 있어서 찾아보기 편리합니다. 거주하는 지역의 지방자치단체에서 운영하는 복지센터를 이용하면 본인에게 꼭 필요한 복지서비스를 쉽게 찾을 수 있습니다. 재난 시 긴급 재난 생활비를 신청할 때도 주민센터에 가지 않고 인터넷으로 신청할 수 있습니다.

▲ 복지로

▲ 서울복지포털

01 마이크로소프트 엣지를 실행해 네이버(www.naver.com)에 접속한 후 **검색창에 '복지로'라고 입력**하고 Enter 키를 누릅니다. 검색 결과에서 **[복지로]를 클릭**합니다.

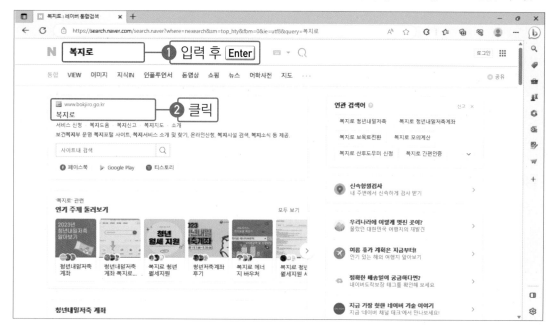

02 복지로 사이트에 접속하면 메뉴에서 **[복지서비스]–[서비스 찾기]–[서비스 목록]**을 클릭합니다.

03 사용자에게 맞는 복지서비스를 검색하기 위해 항목별로 체크합니다. 여기서는 **생애주기**는 '노년', 가구상황은 '저소득', 관심주제는 '생활지원'을 체크합니다.

04 '나이'에 **사용자 나이를 입력**하고 [검색] 버튼을 클릭합니다.

05 복지서비스가 검색되었습니다. 복지서비스를 제공하는 부처별 탭을 클릭하여 확인할 수 있습니다. **'온라인신청 가능한 서비스보기'를 체크**합니다.

06 온라인 신청만 가능한 복지서비스가 검색되었습니다. 기초연금의 **[자세히 보기]** 버튼을 클릭합니다.

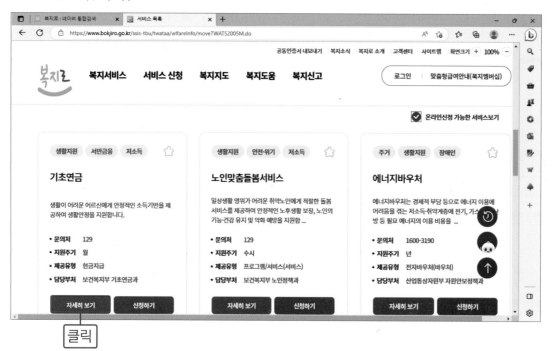

07 관련 정보 페이지가 나타납니다. 기초연금에 대해서 자세히 읽어봅니다.

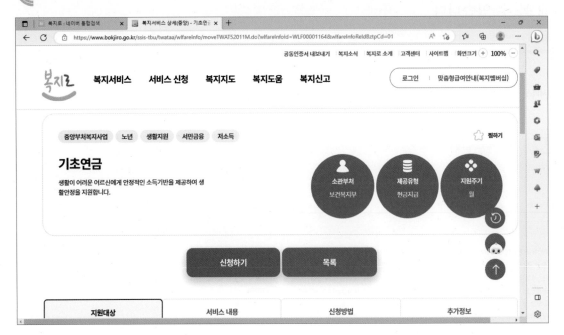

Step 02 복지서비스 모의계산하기

01 메뉴에서 **[복지서비스]–[모의계산]–[기초연금]**을 클릭합니다.

02 복지서비스 모의계산 페이지가 나타납니다. 기초연금 외에도 다양한 복지서비스를 모의계산해 볼 수 있습니다.

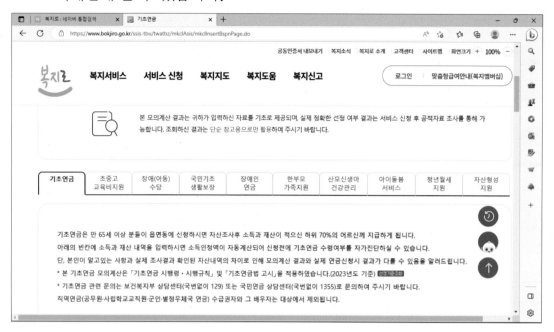

03 상하 막대(스크롤)를 내려서 기본정보를 입력합니다. 여기서는 **가구유형**은 '**부부가구**'로 설정하고, **거주지**는 '**대도시**'로 설정해 봅니다.

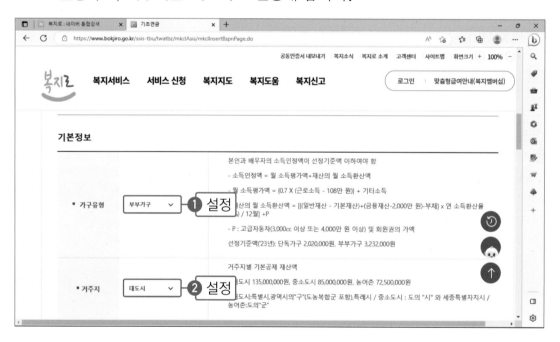

04 소득정보를 작성합니다. 소득이 있다면 **소득 종류별로 입력**합니다.

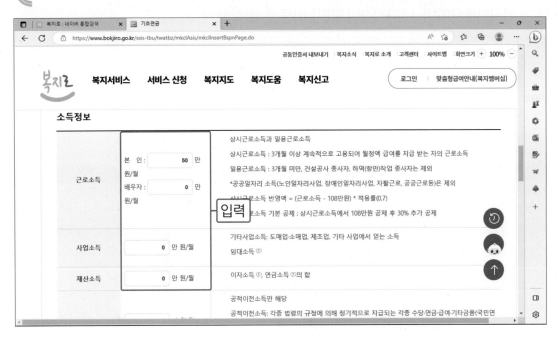

05 재산정보에서 일반재산을 입력합니다.

06 금융재산과 부채에 대한 정보도 입력한 후 [결과보기] 버튼을 클릭합니다. 결과보기를 진행하겠냐는 안내 메시지가 나타나면 [확인] 버튼을 클릭합니다.

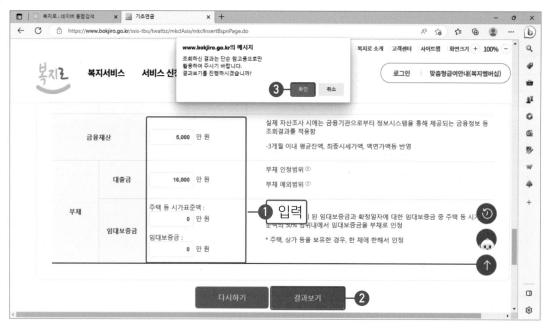

07 모의계산 결과를 확인하여 기본연금 수급대상자인지 확인합니다. 수급대상자이면 회원가입 후 온라인에서 서비스를 신청하거나 주소지 관할 주민센터에 방문하여 신청할 수 있습니다.

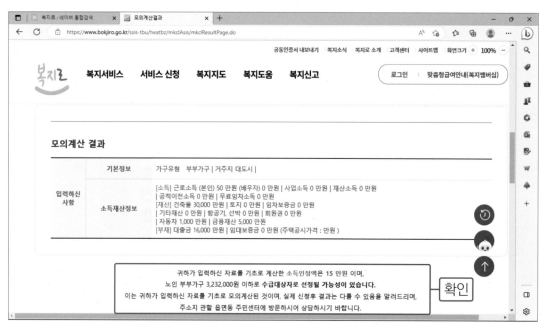

01 복지서비스 모의계산 결과 페이지에서 Ctrl + F 키를 누릅니다. 상단의 **검색창에 '상담'이라고 입력**한 후 Enter 키를 누르면 현재 페이지에서 입력한 단어와 일치하는 단어가 모두 검색됩니다. 현재 위치의 단어는 주황색으로 블록 지정되고, 나머지는 노란색으로 블록 지정됩니다.

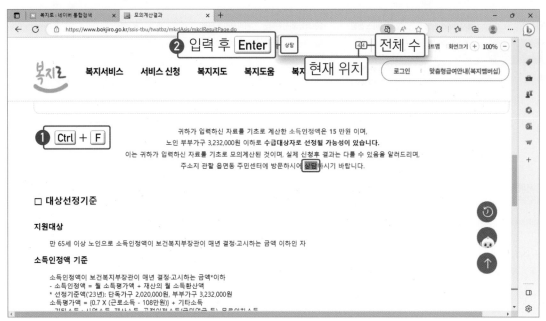

02 ∧나 ∨를 클릭하여 검색한 '상담'과 관련된 다른 내용들도 살펴본 후 직접 기초연금을 신청하기 전에 찾은 전화번호로 상담 전화를 해볼 수 있습니다.

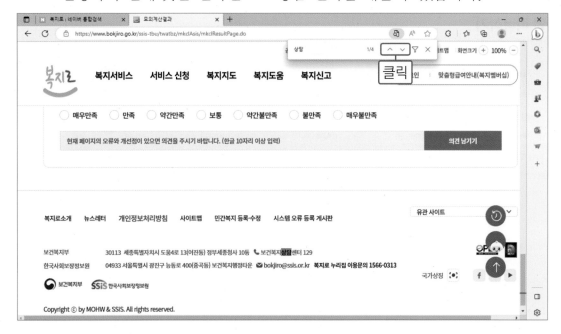

복지서비스 신청 화면 따라하기

❶ 복지서비스를 온라인에서 신청하기 전에 화면 따라하기로 신청 방법을 알아보는 것이 좋습니다. 메뉴에서 [서비스 신청]–[복지서비스 신청]–[화면 따라하기]를 클릭합니다.

❷ 화면 따라하기에서 원하는 복지서비스를 선택합니다. 여기서는 [기초연금]을 클릭합니다.

❸ 상하 막대(스크롤)를 내리면 기초연금 신청에 대한 화면 따라하기 설명을 볼 수 있습니다. 온라인 신청 방법에 대한 동영상 안내를 보려면 [홈페이지(PC) 편 바로가기] 버튼을 클릭합니다.

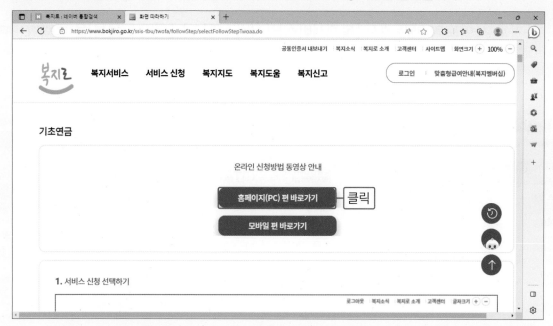

❹ 기초연금 온라인 신청 방법에 대한 동영상을 시청할 수 있습니다.

01 복지로 사이트의 메뉴에서 **[복지서비스]–[서비스 찾기]–[서비스 목록]**을 클릭합니다.

02 서비스 목록에서 **생애주기는 '노년', 관심주제는 '일자리'**를 체크합니다.

03 지역을 설정한 후 [검색] 버튼을 클릭합니다.

04 설정한 지역의 일자리가 검색됩니다. [지자체] 탭을 클릭하면 지자체에서 담당하는 일자리만 확인할 수 있습니다. 검색된 일자리 중 마음에 드는 일자리의 [자세히 보기] 버튼을 클릭합니다.

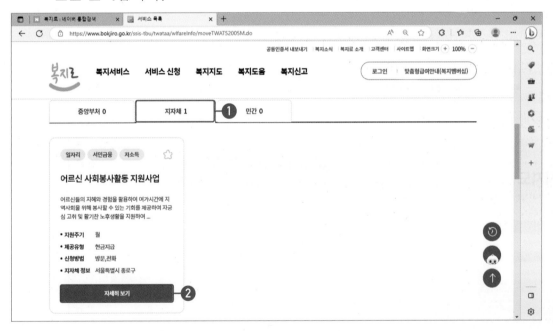

05 일자리의 제공유형, 신청방법, 지원주기 등 주요 사항을 자세히 볼 수 있습니다. 마음에 들면 신청 방법대로 신청해볼 수 있습니다.

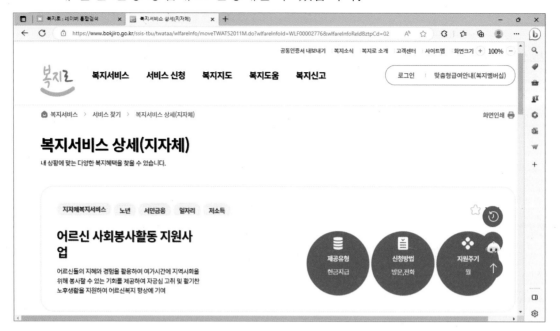

복지지도

메뉴에서 [복지지도]를 클릭한 후 [현위치] 버튼을 클릭하고, 현 위치를 [허용]해 줍니다. [복지시설] 버튼을 클릭하면 위치정보를 통해 가까운 거리에 있는 다양한 복지시설을 찾아볼 수 있습니다.

1 복지로 사이트의 [서비스 목록]에서 생애주기는 '아동', 관심주제는 '교육'으로 설정하고 만 7세와 관련된 복지서비스를 찾아봅니다.

2 문제 **1**에서 조회한 복지서비스 결과 중 온라인 신청 가능한 서비스만 찾아봅니다.

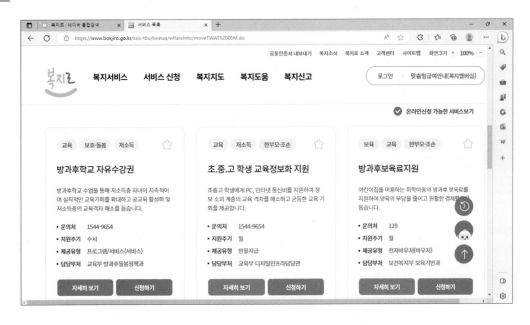

3 복지서비스 중에서 '아이돌봄 서비스'를 다음 정보로 모의계산해 보고, 아동 1명일 때 평일주간 기준으로 30분당 이용요금 중 본인부담금이 얼마인지 알아봅니다.

- 아동 연령 : 2018.09.13.
- 가구원수 : 4명
- 신청구분 : 직장
- 건강보험료(본인) 부과액 : 250,000원

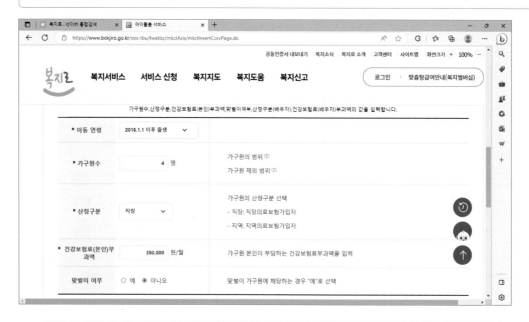

힌트! 메뉴에서 [복지서비스] – [모의계산] – [아이돌봄 서비스]를 클릭하여 모의계산해 봅니다.

우리 집이 주민센터

학습 포인트

- 정부24
- 비회원 신청
- 서류 발급 또는 열람
- 대형 폐기물 배출 신청

주민센터에 직접 가야 발급받을 수 있던 서류를 지금은 집에서 발급 및 열람할 수 있습니다.

대형 폐기물을 배출할 때도 주민센터에 가서 신고하고 처리해야 했는데, 지금은 집에서

인터넷으로 접수할 수 있습니다. 정부24 사이트를 이용하는 방법과 대형 폐기물을 처리

하는 방법에 대해 알아보겠습니다.

미리보기

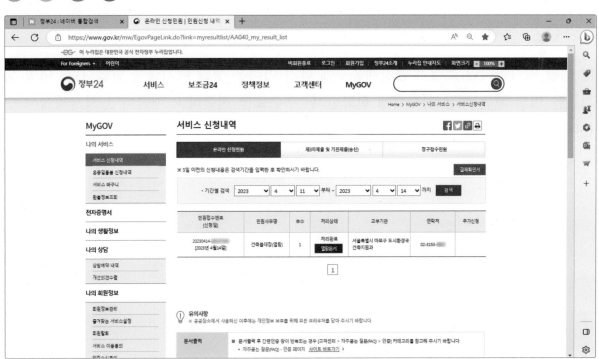

정부 민원 서비스

민원 서비스

정부24(www.gov.kr)는 대한민국 정부가 운영하는 인터넷 정부 포털 사이트로, 각종 민원서류를 발급·열람할 수 있고, 생애 주기별 각종 서비스 정보를 찾아볼 수도 있습니다. 일부 서류는 주민센터에서 발급받으면 수수료가 발생하지만, 인터넷에서는 무료로 발급받을 수 있습니다.

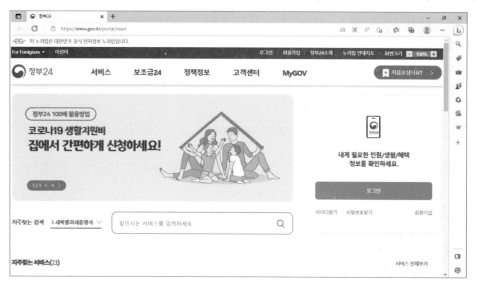

대형 생활 폐기물 관리

대형 생활 폐기물이란 쓰레기 종량제봉투에 담기 어려운 생활 폐기물을 말합니다. 대형 생활 폐기물을 버릴 때는 해당 지자체에 신고한 후 수수료를 지불하고 배출하면 지자체에서 수거하는데, 현재는 인터넷으로 신청할 수 있습니다.

01 마이크로소프트 엣지를 실행해 네이버(www.naver.com)에 접속한 후 검색창에 '정부24'라고 입력하고 Enter 키를 누릅니다. 검색 결과에서 '정부24'를 클릭합니다.

02 정부24 사이트에 처음 방문한 경우에는 [처음오셨나요?] 버튼을 클릭합니다.

03 정부24의 이용방법을 자세히 읽어본 후 상단의 **[정부24]**를 클릭합니다.

04 자주 찾는 서비스에서 **[건축물대장]**을 클릭합니다.

05 민원안내 및 신청 페이지의 '건축물대장 등·초본 발급(열람) 신청'에서 **[발급] 버튼**을 클릭합니다. [확인하세요!] 창이 나타나면 회원가입을 하지 않고 신청하기 위해 **[비회원 신청하기] 버튼**을 클릭합니다.

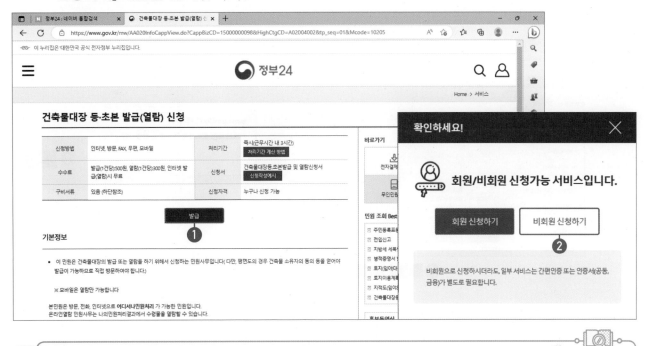

잠깐! 비회원으로 신청을 해도 주민등록등본 등 일부 서비스는 공인인증서가 필요합니다.

06 개인정보와 고유식별정보 수집에 동의하기 위해 **'동의합니다.'를 체크**합니다.

07 상하 막대(스크롤바)를 내려 **'키보드보안 프로그램 적용'**에 **체크**한 후 키보드보안 프로그램이 적용되었다는 메시지가 나타나면 **[확인] 버튼을 클릭**합니다. 비회원 신청 정보입력에서 **이름, 주민등록번호를 입력**하고, **'입력확인'의 숫자를 입력**한 후 **[확인] 버튼을 클릭**합니다.

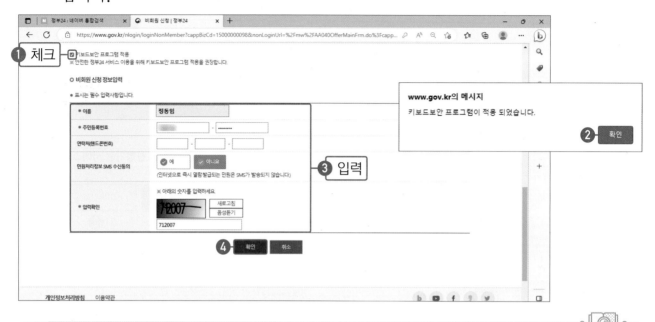

> 정부24를 안전하게 사용하려면 키보드보안 프로그램을 설치해야 한다는 안내에 따라 설치 프로그램을 설치한 후 사용합니다.

08 건축물대장 등·초본 발급(열람) 신청 페이지가 나타나면 **[건축물대장(열람)] 버튼을 클릭**합니다.

> 팝업 해제 메시지 창이 나타나면 현재 사이트의 팝업을 해제한 후 건축물대장 열람을 진행합니다.

09 상하 막대(스크롤바)를 내려 신청내용에서 건축물소재지의 **[검색]** 버튼을 클릭합니다.

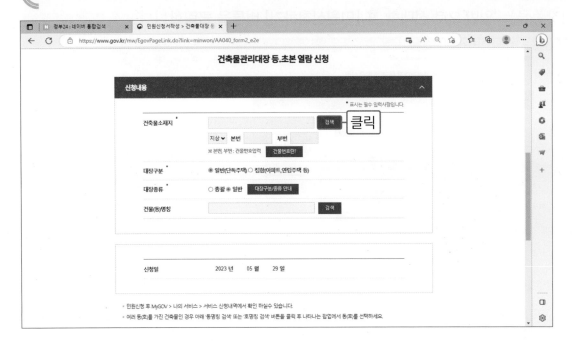

10 건축물소재지의 주소를 검색하기 위해 **주소를 입력**한 후 **[검색]** 버튼을 클릭합니다. 검색된 주소 중 **건축물소재지의 주소를 선택**한 후 아래쪽에 처리기관이 표시되면 **행정처리기관을 선택**합니다.

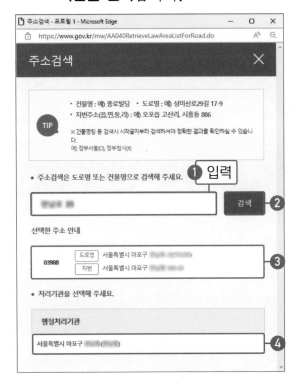

11 건축물소재지에 입력된 주소를 확인하고 대장구분에서 **건축물에 해당하는 것을 선택**합니다. 대장종류는 **'일반'으로 선택**한 후 **[민원신청하기]** 버튼을 **클릭**합니다.

대장구분에서 '집합(아파트, 연립주택 등)'을 선택할 경우 건축물소재지에서 해당 동, 호수까지 입력해야 합니다.

12 주소검색 창에서 동번호와 동명, 건축물대장종류를 확인하고 **[선택]** 버튼을 **클릭**합니다.

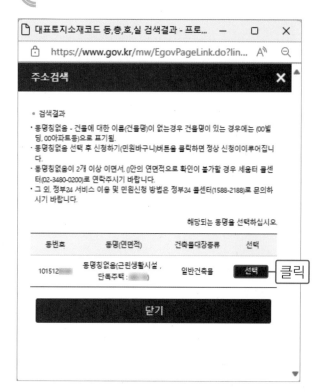

13 건물(동)명칭이 입력된 것을 확인하고 다시 [민원신청하기] 버튼을 클릭합니다.

14 서비스 신청내역 페이지에 온라인 신청민원 목록이 나타납니다. 신청한 건축물대장을 열람하기 위해서 [열람문서] 버튼을 클릭합니다.

15 건축물대장을 확인할 수 있습니다. 집에서 손쉽게 민원서류를 발급 혹은 열람할 수 있습니다.

정부24에서 [서비스]–[신청·조회·발급]을 클릭하여 원하는 민원서류를 분류 또는 검색어를 입력하여 찾을 수 있습니다. 검색 목록에서 인증서가 필요한지 불필요한지도 확인할 수 있습니다.

Step 01 폐기물 비용 확인하기

01 네이버(www.naver.com)의 검색창에 본인이 사는 **지역명과 함께 '대형폐기물 인터넷신고'**라고 **입력**한 후 Enter 키를 누릅니다. 검색 결과에서 **해당 지역의 대형폐기물 인터넷 신고 사이트를 클릭**합니다. 여기서는 마포구의 대형 생활 폐기물 관리를 살펴봅니다.

02 폐기물의 비용을 알아보기 위해 상단 메뉴에서 **[비용]을 클릭**합니다.

시, 군, 구별로 대형 생활 폐기물 배출 신청을 하는 사이트의 주소와 웹 페이지의 구성이 다르지만 수수료 비용을 확인하는 메뉴와 신청 메뉴는 사이트마다 있으므로 찾아서 클릭해 봅니다.

03 품목별 기준 및 비용 안내 페이지의 **검색창에 '책상'이라고 입력**한 후 Enter 키를 눌러 버릴 책상의 규격과 비용을 살펴봅니다.

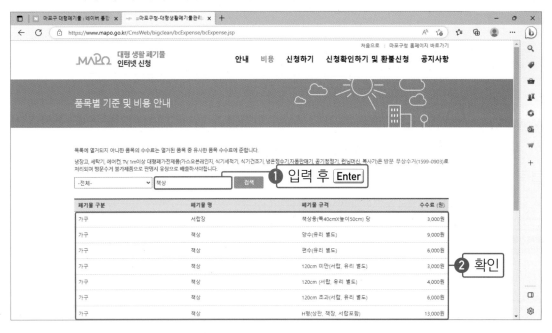

Step 02 폐기물 배출 신청하기

01 폐기물 배출을 신청하기 위해 상단 메뉴에서 **[신청하기]를 클릭**합니다. 대형 폐기물 배출 온라인 신청하기 페이지가 나타나면 개인정보 수집 및 이용 내역에서 '동의함'을, 만14세 이상 확인에 '예'를 선택합니다.

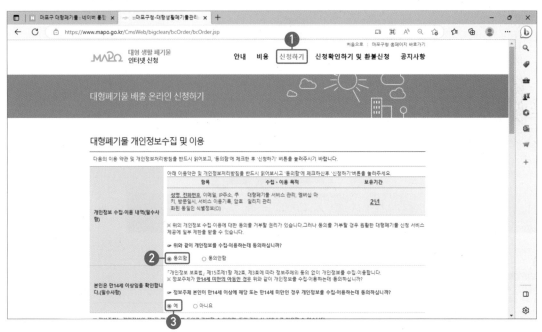

02 신청인 정보에 **이름과 핸드폰 번호를 입력**합니다. 폐기물 배출 장소에서 **[도로명 주소 찾기]** 버튼을 클릭합니다. [도로명 검색] 창이 나타나면 **도로명을 입력**한 후 **[검색]** 버튼을 클릭합니다. 아래 **검색된 주소를 클릭**합니다.

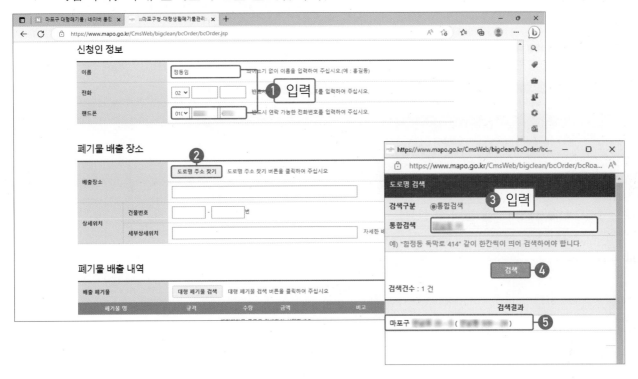

03 폐기물 배출 장소에 주소가 입력되고, 세부상세위치에 폐기물을 배출할 위치를 '건물 앞'이라고 입력합니다. 폐기물 배출 내역에서 **[대형 폐기물 검색]** 버튼을 클릭합니다. [폐기물 검색] 창이 나타나면 **'책상'이라고 입력**한 후 **[검색]** 버튼을 클릭합니다. 검색 목록에서 버릴 폐기물 항목의 **[선택]에 체크**하고 수수료도 확인한 후 **[선택 등록]** 버튼을 클릭합니다.

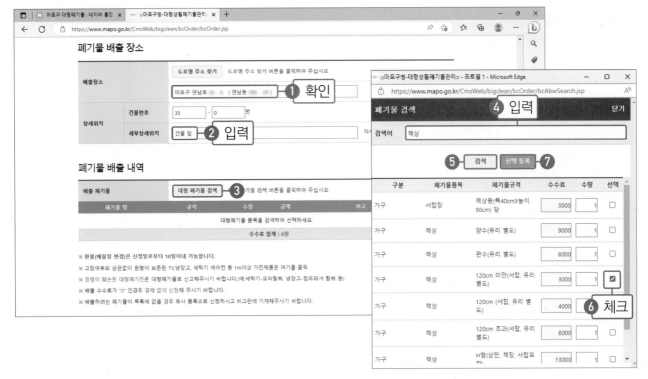

04 폐기물 배출 일시에서 📅를 클릭하여 **배출할 날짜를 설정**하고 [신청하기] 버튼을 클릭합니다.

05 폐기물 배출 신청 내용을 확인하고 수수료를 결제하기 위해 **[대형폐기물 수수료 결제하기] 버튼을 클릭**합니다.

06 [결제수단 선택] 창이 나타나면 결제 수단을 선택합니다. 여기서는 **[가상계좌(무통장입금)]을 클릭**한 후 **이용 약관 안내의 전체동의에 체크**하고 **[다음] 버튼을 클릭**합니다. [가상계좌(무통장입금)] 창에서 **은행, 입금자명, 휴대폰 번호를 입력**하고 **[다음] 버튼을 클릭**합니다.

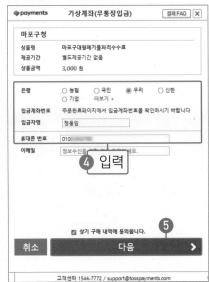

07 결제 정보 내역에서 가상계좌번호를 확인합니다. **[신청내용확인] 버튼을 클릭**한 후 신청인 정보를 확인합니다.

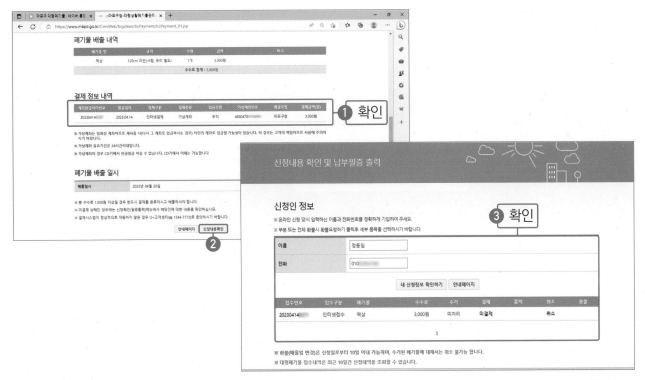

- 폐기물은 가상계좌번호로 수수료를 입금한 후에 배출 장소로 배출해야 합니다.
- 가상계좌번호로 24시간 내에 수수료를 입금하지 않으면 자동 취소됩니다.
- 폐기물을 배출할 때 납부필증을 출력하여 부착한 후 배출합니다. 출력이 어려울 경우 빈 용지에 납부필증번호(접수번호), 폐기물명, 금액, 배출 장소 등을 기재하여 폐기물에 부착한 후 배출합니다.

01 폐기물 배출을 취소하려면 상단 메뉴의 [신청확인하기 및 환불신청]을 클릭한 후 신청인 정보에 **이름과 전화번호를 입력**하고 [내 신청정보 확인하기] 버튼을 클릭합니다.

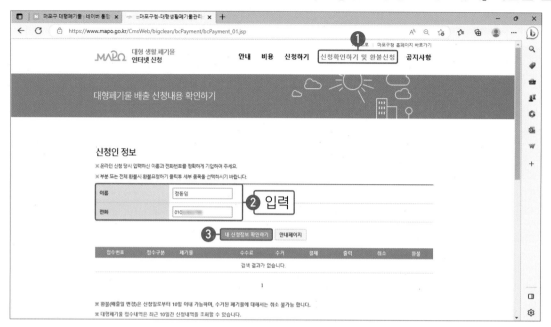

02 결제 전이라면 [취소]를 클릭합니다. 확인을 누르면 신청이 취소된다는 메시지 창이 나타나면 [확인] 버튼을 클릭하여 신청을 취소합니다. 결제 후에는 환불 절차를 거쳐야 하며, 신청일로부터 10일 이내 가능하고 수거 후에는 환불처리가 불가능합니다.

1 정부24에서 본인이 살고 있는 지역의 지적도 등본을 발급받아 봅니다(단, 축적은 600분의 1로 합니다).

2 폐가전제품 배출예약시스템에서 수거 신청을 해봅니다.

- 폐가전 : 냉장고
- 배출일시 : 현재 날짜에서 일주일 후 배출 요일인 화요일이나 목요일 중에서 선택

힌트
- 폐가전제품 배출예약시스템 사이트에 접속 : www.15990903.or.kr
- 배출 예약 신청 : [수거예약하기] 버튼 클릭(또는 상단의 [배출예약] 클릭) → 배출예약을 하면 카카오톡 메시지로 예약번호가 전송됨
- 배출 예약 조회 및 취소 : 상단의 [배출예약]–[예약내용 조회/취소] 클릭 → 예약 시 입력한 연락처와 전송받은 예약번호 입력 → 예약 내용 확인 후 취소를 원할 경우 [접수완료] 클릭 → [취소하기] 버튼 클릭

멋진 홍보물 만들기

- 픽사베이 사이트 접속하기
- 무료 이미지 검색 및 다운로드
- iLoveImg 사이트
- 이미지 편집

인터넷에서는 무수한 정보를 보고, 듣고, 나눌 수 있습니다. 고품질의 이미지도 인터넷 사이트를 통해 무료로 제공받을 수 있고, 프로그램을 설치하지 않고도 이미지를 인터넷에 업로드하여 편집할 수도 있습니다. 이미지를 무료로 다운받고, 인터넷에서 손쉽게 꾸미는 방법에 대해 알아보겠습니다.

 미리보기

보통 네이버와 같은 포털 사이트의 이미지 카테고리에서 무료 이미지를 제공하고 있으나 품질이 낮고 상업적으로 이용이 제한되는 경우가 많아서 블로그나 홈페이지 등에 사용할 좋은 품질의 이미지를 찾기 어렵습니다. 이럴 때는 무료 이미지를 제공하는 픽사베이와 같은 사이트를 이용하면 편리합니다.

● 픽사베이(www.pixabay.com)

픽사베이는 4백만 개 이상의 이미지와 동영상을 공유하는 사이트입니다. 매일 새로운 이미지와 동영상이 업데이트되며, 일러스트, 벡터 이미지까지 찾아볼 수 있습니다. 상업적으로 사용할 수 있고 출처를 밝히지 않아도 되며, 무료로 이미지와 동영상을 다운로드하여 여러 곳에서 활용할 수 있습니다. 이미지는 사이즈별로 선택하여 다운로드할 수 있고, 큰 사이즈의 이미지를 다운로드하려면 회원가입을 해야 합니다.

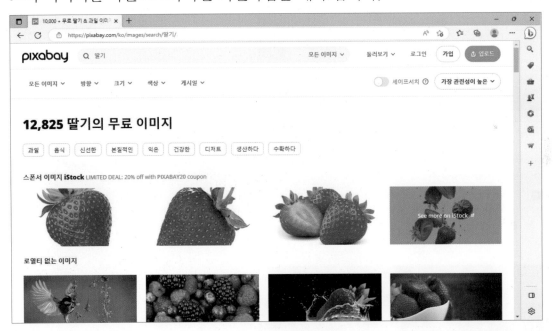

이미지를 편집하기 위해서 포토샵이나 포토스케이프 등과 같은 이미지 편집 프로그램을 유료나 무료로 구입하여 내 컴퓨터에 설치한 후 이미지를 편집하는 방법과 프로그램을 설치하지 않고 픽슬러(Pixlr)나 iLoveIMG 사이트 등에 접속하여 이미지를 편집하는 방법이 있습니다.

● iLoveIMG(www.iloveimg.com)

iLoveIMG에서는 이미지 압축, 이미지 크기와 포맷 변경뿐만 아니라 이미지를 간단하게 편집할 수도 있습니다. 인터넷 접속만으로 회원가입 없이 이용할 수 있어서 편리합니다.

Step 01   사진 파일 검색하여 다운로드하기

01 마이크로소프트 엣지를 실행한 후 네이버(www.naver.com)의 검색창에 '픽사베이'라고 입력하고 Enter 키를 누릅니다. 검색 결과에서 [pixabay.com]를 클릭합니다.

02 픽사베이 사이트에 접속하면 오른쪽 상단의 [Explore]를 클릭한 후 About의 [Language]-[한국어]를 클릭합니다.

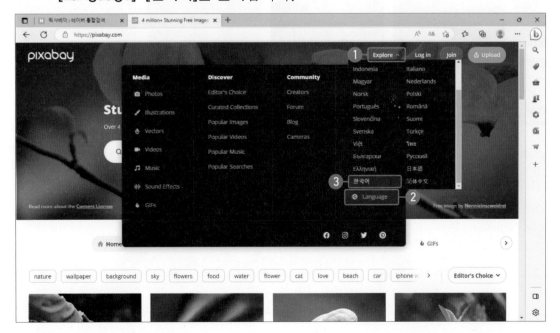

03 픽사베이의 검색창에 '바다'라고 입력한 후 `Enter` 키를 누릅니다.

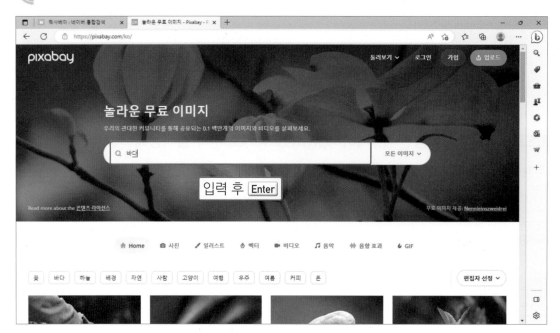

04 바다와 관련된 이미지가 검색되어 나타납니다. 그 중 하나를 **선택**합니다.

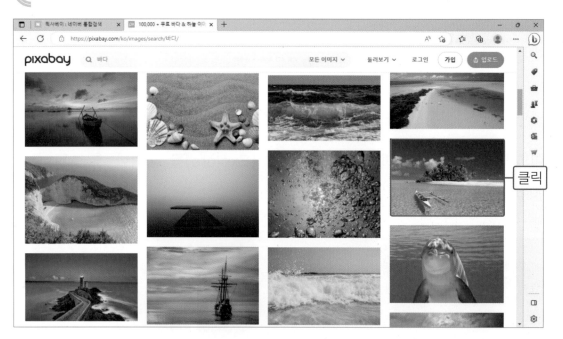

05 선택한 이미지를 다운로드하려면 **[다운로드] 버튼을 클릭**합니다. 이미지 아래쪽에 콘텐츠 라이선스에 따른 무료 사용 가능하다고 표시되어 있습니다.

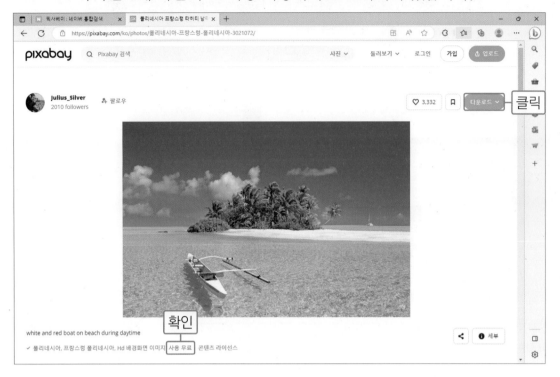

06 이미지 사이즈는 '640×424'를 선택하고 [다운로드] 버튼을 클릭합니다.

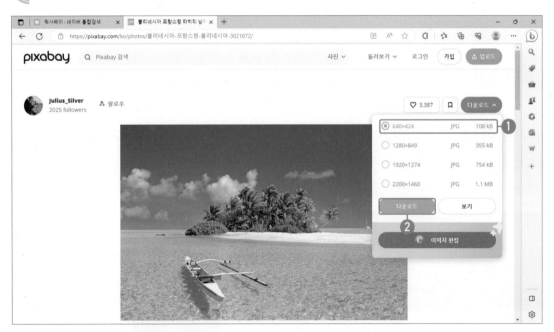

사이즈가 큰 이미지는 회원가입 후 로그인해야 다운로드받을 수 있습니다.

07 다운로드가 완료되면 다운로드 창의 **[파일 열기]**를 **클릭**하여 사진을 확인합니다.

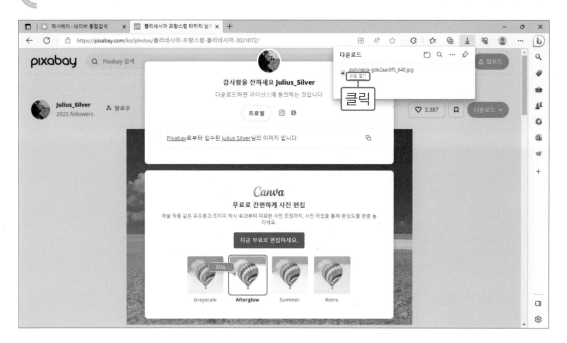

저장한 이미지는 내 컴퓨터의 '다운로드' 폴더에 자동으로 저장됩니다.

08 같은 방법으로 **다른 이미지들도 다운로드**합니다.

Step 02 일러스트 파일 검색하여 다운로드하기

01 픽사베이의 검색창에 '풍선'이라고 입력한 후 검색창 오른쪽 끝의 **[모든 이미지]**를 클릭하여 **[일러스트]**를 선택합니다.

02 검색된 목록 상단의 방향, 크기, 색상 등을 설정하면 원하는 이미지를 빠르게 검색할 수 있습니다. **[색상]**을 클릭하여 **[투명 배경]**을 **체크**한 후 **[적용]** 버튼을 클릭합니다.

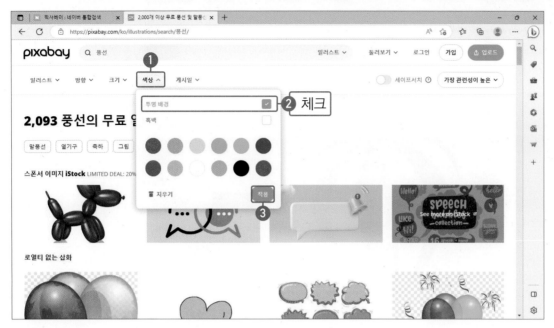

03 배경이 투명한 풍선 일러스트 이미지가 검색됩니다. 그 중 하나를 **선택**합니다.

04 선택한 이미지를 다운로드하려면 [다운로드] 버튼을 클릭합니다. 이미지 사이즈를 '512 ×640'으로 선택하고 [다운로드] 버튼을 클릭합니다.

03 | 실력 다듬기   홍보 이미지 만들기

•••• Step 01   이미지 크기 조절하기

01 네이버(www.naver.com)의 검색창에 'iloveimg'라고 입력한 후 [Enter] 키를 누릅니다. 검색 결과에서 [iLoveIMG]를 클릭합니다.

02 iLoveIMG 사이트에서는 이미지 압축, 이미지 크기 조절, 이미지 잘라내기, JPG 로 변환, JPG에서 변환, 포토 에디터 등의 기능을 실행할 수 있습니다. 여기서는 **[이미지 크기 조절]**을 클릭합니다.

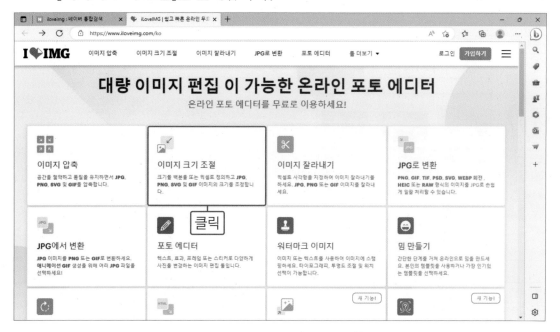

03 다른 프로그램을 실행하지 않고 인터넷에서 여러 이미지의 크기를 한 번에 조절할 수 있습니다. **[여러 이미지 선택]** 버튼을 클릭합니다.

04 [열기] 대화상자에서 픽사베이에서 무료 다운로드한 이미지가 저장된 '**다운로드**' 폴더로 **위치를 설정**합니다. `Shift` 키나 `Ctrl` 키를 누르고 여러 개의 **이미지를 선택**한 후 **[열기]** 버튼을 클릭합니다.

연속된 여러 개의 파일을 선택하려면 `Shift` 키를 누른 채 선택하고, 비연속적인 여러 개의 파일을 선택하려면 `Ctrl` 키를 누른 채 선택합니다.

05 선택한 이미지 파일들이 열렸습니다. 오른쪽의 크기 조절 옵션 창의 **[퍼센트별] 탭**에서 **[50% 작게]**를 체크합니다. 이미지들 아래에 왼쪽에는 원본 사이즈가 표시되고, 오른쪽에는 변경되는 사이즈가 파란색으로 표시됩니다. **[여러 이미지 크기 조절] 버튼**을 클릭합니다.

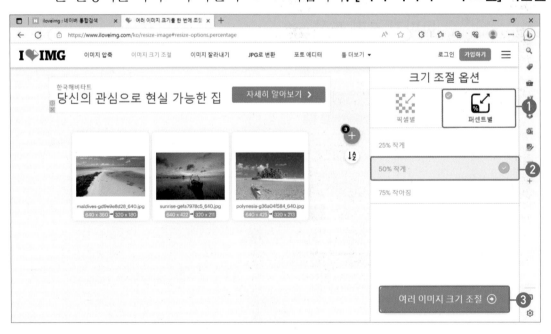

06 이미지 크기가 웹에서 한꺼번에 조절되었습니다. 이미지를 다운로드하기 위해 **[조절된 크기의 이미지 다운로드]** 버튼을 클릭합니다. 이미지 다운로드가 완료되어 다운로드 창이 표시되면 **[파일 열기]**를 클릭하여 **압축을 해제한 후 사용**합니다.

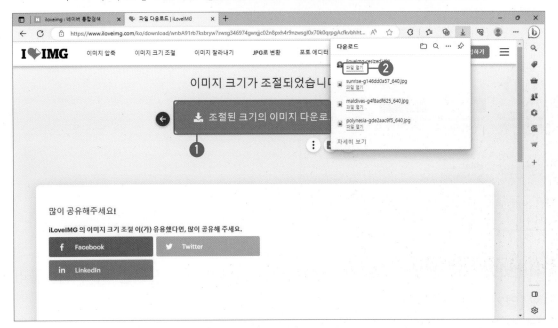

Step 02 이미지 편집하기

01 이미지를 편집하기 위해 상단의 메뉴 중 **[포토 에디터]**를 **클릭**합니다. 편집할 이미지를 선택하기 위해 **[이미지 선택]** 버튼을 **클릭**합니다.

02 [열기] 대화상자가 나타나면 이미지가 저장된 '다운로드' 폴더로 이동한 후 픽사베이에서 다운로드한 바다 **이미지를 선택**하고 **[열기] 버튼을 클릭**합니다.

03 선택한 이미지가 작업 창에 불러와졌습니다. 배경 이미지 위에 새로운 이미지를 불러오기 위해 **[열기] 버튼을 클릭**합니다.

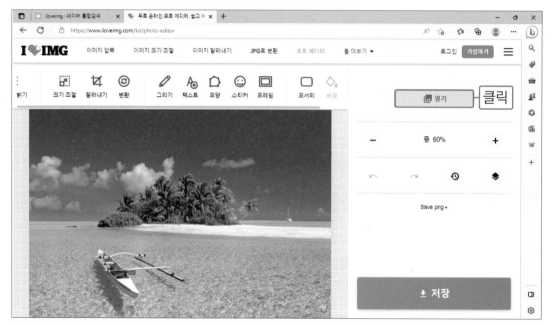

04 [열기] 대화상자가 나타나면 픽사베이에서 다운로드한 **풍선 이미지를 선택**한 후 **[열기]** 버튼을 클릭합니다.

05 배경 이미지 위에 풍선 이미지가 불러와졌습니다. **풍선 이미지의 크기 조절점을 드래그**하여 작게 조절합니다.

06 풍선 이미지를 드래그하여 원하는 위치를 이동합니다. 텍스트를 추가하기 위해 상단 메뉴 중 [텍스트)]를 클릭합니다.

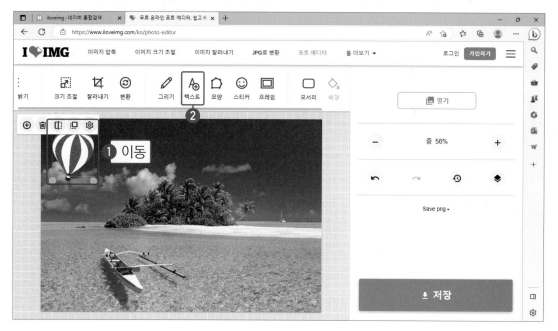

07 상단에 텍스트 도구 모음이 나타나면 [⊕(텍스트 추가)]를 클릭합니다. 작업 창에 텍스트 상자가 나타나면 **텍스트 상자 안을 더블 클릭**합니다.

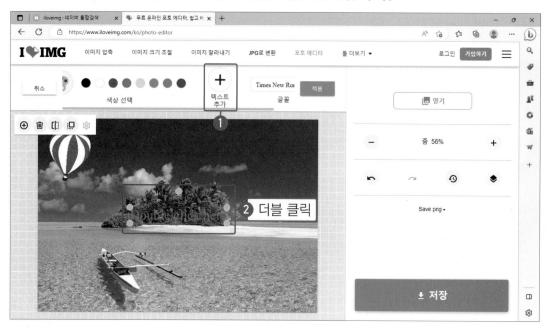

08 텍스트 상자 안의 텍스트를 드래그하거나 Ctrl + A 키를 눌러 블록으로 설정한 후 'A Summer Story'라고 **입력**하고, 상단의 색상 선택에서 **[흰색]**을 클릭합니다.

09 폰트를 변경하기 위해 글꼴의 [Time New Roman]을 클릭한 후 [Hand Writing]으로 설정하고 [Pacifico]를 선택합니다.

10 폰트가 변경된 텍스트를 적용하기 위해 **[적용] 버튼을 클릭**합니다. png 파일로 저장하기 위해 [Save png]는 그대로 두고 **[저장] 버튼을 클릭**합니다.

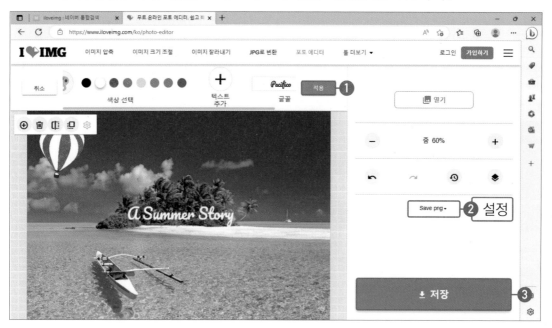

11 저장이 완료되면 다운로드 창이 나타납니다. **[파일 열기]를 클릭**하면 'image.png'를 열 수 있습니다.

1 픽사베이에서 마음에 드는 '원숭이' 일러스트를 찾은 후 '640×506' 사이즈로 다운로드해 봅니다.

> **잠깐!** 콘텐츠 종류를 먼저 선택한 후 키워드를 입력하여 검색해도 됩니다.

2 픽사베이에서 '아침식사' 사진을 찾아서 '640×426' 사이즈로 다운로드해 봅니다.

3 iLoveIMG 사이트에서 [포토 에디터]를 선택합니다. 문제 **1**에서 다운로드한 원숭이 이미지를 불러온 후 다음처럼 텍스트를 배치하고 PNG 파일로 저장해 봅니다.

• 색상 : 주황색	• 폰트 : Caveat

4 iLoveIMG 사이트에서 [포토 에디터]를 선택합니다. 문제 **2**에서 다운로드한 아침 식사 이미지를 불러온 후 문제 **3**에서 작업한 이미지를 불러와서 다음처럼 배치하고 JPG 파일로 저장해 봅니다.

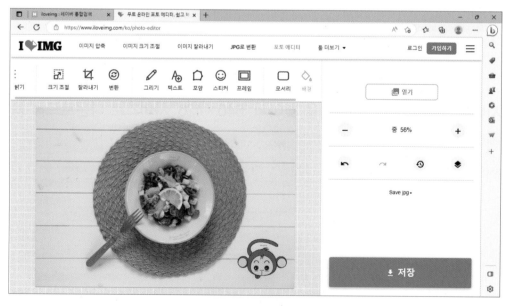

07 공짜로 프로그램 사용하기

학습 포인트

- 무료 소프트웨어
- 파일 다운로드 및 설치
- 파일 압축
- 압축 파일 해제

인터넷에서는 다양한 정보뿐만 아니라 컴퓨터를 좀 더 편리하고 효율적으로 사용할 수 있는 프로그램을 얻을 수도 있습니다. 여기서는 압축 관련 프로그램을 무료로 다운로드 하여 내 PC에 설치하고 사용하는 방법을 알아보겠습니다.

미 리 보 기

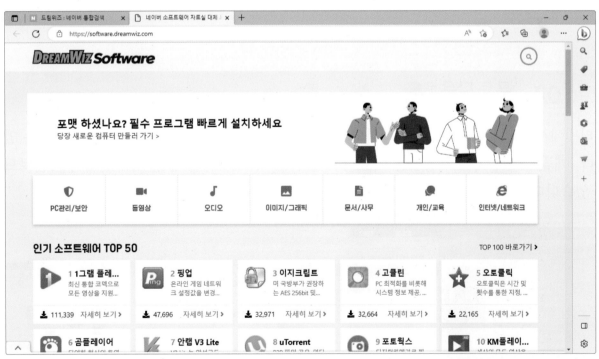

1 프리웨어(Freeware)

프리웨어는 소프트웨어 개발자가 대가를 바라지 않고 무료로 배포하는 소프트웨어를 뜻합니다. 모든 기능을 제한 없이 사용하는 대신 소프트웨어를 실행했을 때 배너나 광고 문구를 사용자에게 표시하기도 합니다. 사용자에 따라 배포 방식이 달라지는 경우도 있는데 개인에게는 무료이지만, 상업적인 용도로는 사용할 수 없는 소프트웨어도 있습니다.

2 셰어웨어(Shareware)

셰어웨어는 사용 기간이나 일부 기능에 제한을 두고 무료로 배포하는 소프트웨어를 뜻합니다. 사용 기간에 제한을 둔 경우에는 일정 기간 사용해 본 후 계속해서 사용하려면 소프트웨어를 구입해야 합니다. 일부 기능에 제한을 둔 경우에는 전체 기능을 사용하려면 구입한 후 사용해야 합니다.

> **잠깐** **애드웨어(Adware)**
>
> 프리웨어(Freeware)나 셰어웨어(Shareware) 등에서 광고를 보는 것을 전제로 사용이 허용되는 프로그램입니다. 애드웨어의 경우 사용자에게 불편을 끼치는 경우가 많아 백신 프로그램에서 바이러스로 분류되기도 합니다.

인터넷에서는 컴퓨터를 좀 더 편리하고 효율적으로 사용할 수 있는 프로그램을 얻을 수 있습니다. 개발사에서 직접 제공하는 자료나 드림위즈 자료실 등과 같은 자료실에서 다운로드할 수 있습니다.

01 마이크로소프트 엣지를 실행해 네이버(www.naver.com)에 접속한 후 검색창에 '드림위즈'라
고 입력하고 Enter 키를 누릅니다. 검색 결과에서 드림위즈의 [자료실]을 클릭합니다.

02 드림위즈의 자료실 웹 페이지가 열립니다. 오른쪽 상단의 ⊙를 클릭하여 검색창에 찾고
자 하는 소프트웨어 이름을 입력하여 찾을 수도 있고, 아래쪽의 카테고리 중 원하는 분
류를 선택할 수도 있습니다.

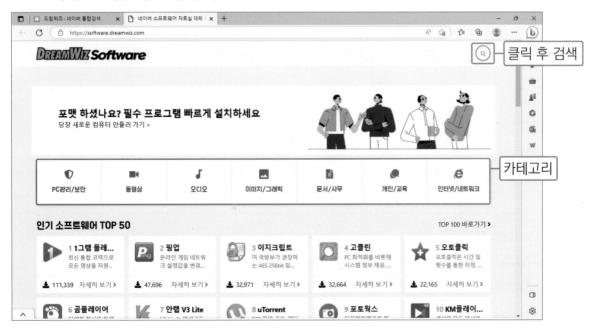

01 카테고리에서 [PC 관리/보안]을 클릭합니다.

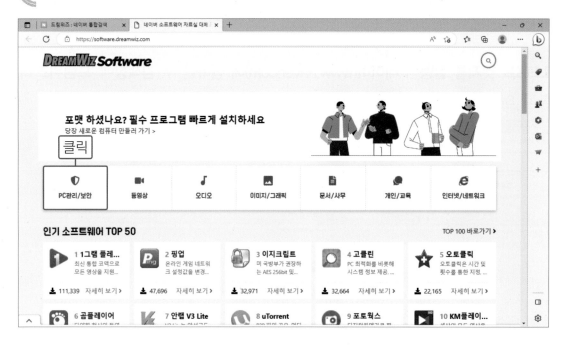

02 PC 관리/보안과 관련된 소프트웨어들이 나타납니다. 소프트웨어 중 **[반디집]을 클릭**
합니다.

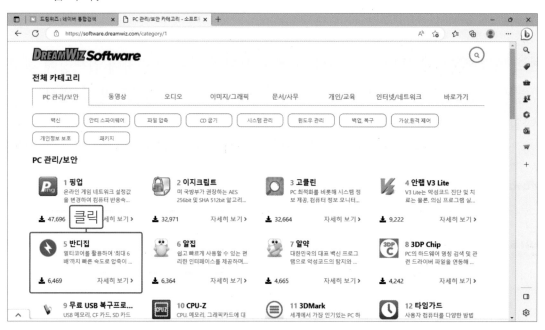

상단의 카테고리 탭에는 하위 카테고리가 버튼 형식으로 분류되어 있습니다. 예를 들어 압축 소프트웨어
만 보려면 [파일 압축] 버튼을 클릭합니다.

03 반디집 소프트웨어에 대한 버전, 용량, 사용범위, 지원 OS, 다운로드 수 등을 확인할 수 있습니다. 다운로드하기 위해 **[다운로드]** 버튼을 클릭합니다.

04 다운로드가 완료되면 다운로드 창이 표시됩니다. **[파일 열기]**를 클릭합니다.

05 반디집 실행 파일을 다운로드하려면 드림위즈 이용약관에 동의해야 합니다. **[동의설치]** 버튼을 클릭합니다.

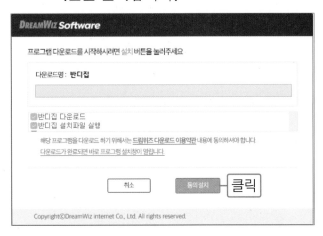

06 반디집 설치 창과 함께 최신 버전의 설치 파일을 확인하기 위한 홈페이지 방문 알림 창이 나타나면 **[예]** 버튼을 클릭합니다.

07 최신 버전을 다운로드하기 위해 **[반디집 다운로드]** 버튼을 클릭한 후 다운로드 창이 나타나면 **[파일 열기]**를 클릭합니다.

08 설치 창이 나타나면 반디집 최종 사용자 이용약관을 읽어본 후 **[동의 및 설치] 버튼을 클릭**합니다. 설치가 완료되면 **[닫기] 버튼을 클릭**합니다.

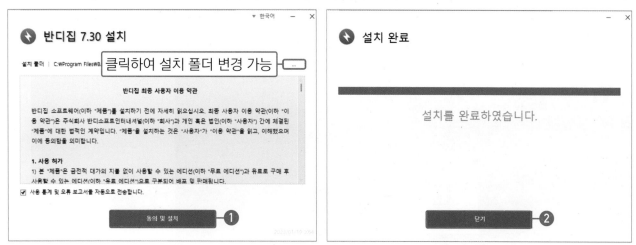

09 설치가 완료되면 바로 반디집이 실행되면서 [환경 설정] 대화상자가 나타납니다. [파일 연결]에서 확장자 목록이 나타나는데, 압축 파일의 확장자들이 체크되어 있습니다. 기본 설정을 그대로 두고 **[지금 적용] 버튼을 클릭**한 후 **[확인] 버튼을 클릭**합니다.

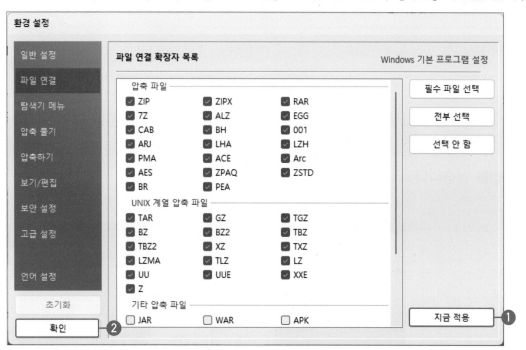

압축 파일을 윈도우 기본 프로그램으로 설정하려면 'Windows 기본 프로그램 설정'을 클릭하여 설정합니다.

10 반디집 프로그램이 실행됩니다. 상단에 '**ZIP 파일의 기본 앱을 반디집으로 변경하시겠습니까**'라고 표시되면 그 부분을 클릭합니다.

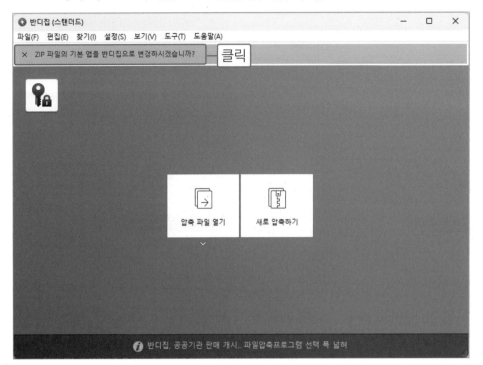

> 컴퓨터에 zip 파일이 저장되어 있는 경우 윈도우 기본 앱으로 변경하라는 알림창이 나타납니다.

11 zip 파일의 기본 앱 선택 창에서 [**반디집**]을 **선택**하고 [**기본값 설정**] 버튼을 **클릭**합니다. zip 파일의 기본 앱이 반디집으로 설정되어 zip 파일을 실행하면 바로 반디집으로 연결됩니다. **반디집을 닫습니다.**

Step 01   반디집으로 파일 압축하기 – 1

01 앞서 '다운로드' 폴더에 다운로드한 파일 중 **압축할 파일을 선택**하고 **마우스 오른쪽 버튼을 클릭**한 후 바로 가기 메뉴에서 **[반디집]–[Dowloads.zip으로 압축하기]**를 클릭합니다.

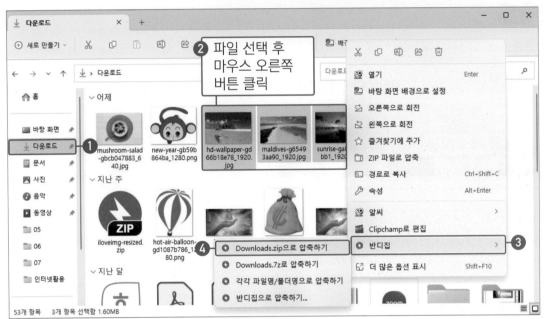

> **잠깐** 압축할 때 파일명을 설정하지 않아도 파일이 속한 폴더명으로 바로 압축할 수 있습니다. 폴더를 압축할 때도 같은 방법으로 압축합니다.
>
>

02 [100% 압축하기] 창에 압축 작업이 완료되었다는 메시지가 나타나면 [☑(압축 작업 완료 후 창을 닫지 않기)]의 체크를 해제한 후 [닫기] 버튼을 클릭합니다. '다운로드' 폴더에 압축 파일 'Downloads.zip'이 생성되었습니다.

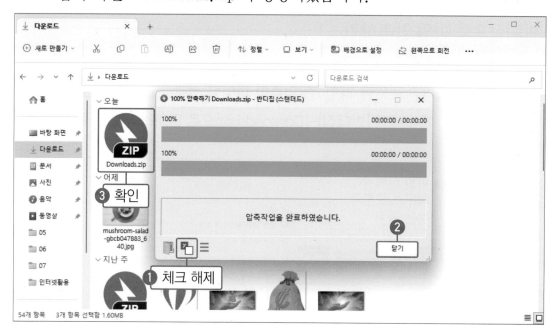

[100% 압축하기] 창에서 왼쪽 하단의 ☑(압축 작업 완료 후 창을 닫지 않기)를 클릭하여 체크를 해제(☐)하면 다음부터는 파일을 압축한 후 창이 나타나지 않습니다.

Step 02 반디집으로 파일 압축하기 - 2

01 '다운로드' 폴더에서 **압축할 파일들을 선택**하고 **마우스 오른쪽 버튼으로 클릭**한 후 바로가기 메뉴에서 **[반디집]-[반디집으로 압축하기]**를 클릭합니다.

02 [새로 압축] 창이 나타나면 저장 경로를 변경하기 위해 〔　　··〕를 클릭합니다. [파일 선택] 대화상자가 나타나면 **저장할 위치를 설정**한 후 [파일 이름]은 '바다'로 입력하고 [저 장] 버튼을 클릭합니다. [새로 압축] 창의 [압축 시작] 버튼을 클릭합니다.

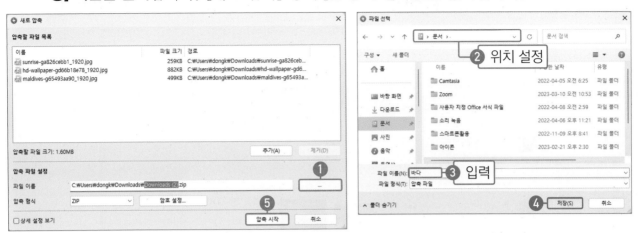

03 압축 작업이 완료되었다는 메시지가 나타났다 사라집니다. 압축한 파일을 저장한 폴더 를 열면 '바다.zip' 파일이 생성된 것을 확인할 수 있습니다.

윈도우10에서 파일 압축하기

윈도우10에서는 압축할 파일을 선택하고 마우스 오른쪽 버튼으로 클릭한 후 해당 파일이 위치한 폴더명으 로 압축하는 [Downloads.zip으로 압축하기]나 [반디집으로 압축하기]를 선택합니다.

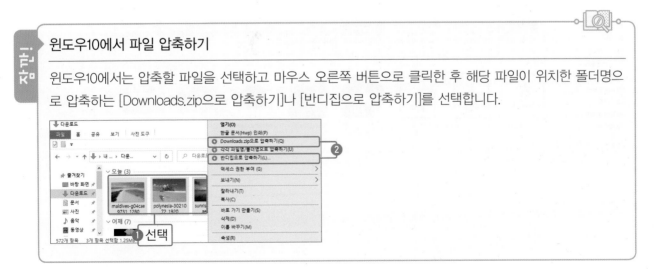

01 압축을 풀 파일을 마우스 오른쪽 버튼으로 클릭한 후 바로 가기 메뉴에서 [반디집]-[여기에 풀기]를 선택합니다.

02 [100% 압축 풀기] 창에 압축 풀기에 성공하였다는 메시지가 나타나면 [（압축 풀기 완료 후 창을 닫지 않기)]의 체크를 해제한 후 [닫기] 버튼을 클릭합니다. 압축 파일이 있던 폴더에 압축되어 있던 파일들이 해제된 것을 확인할 수 있습니다.

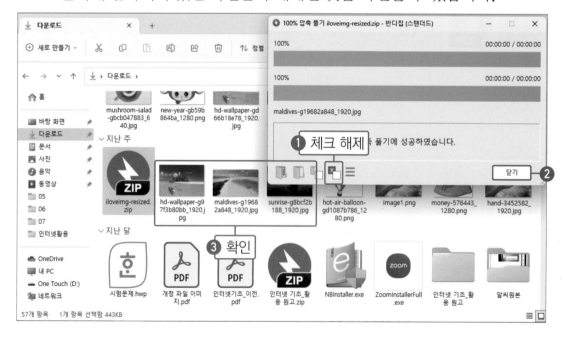

01 압축을 풀 파일을 마우스 오른쪽 버튼으로 클릭한 후 [반디집]-[반디집으로 압축 풀기]를 클릭합니다.

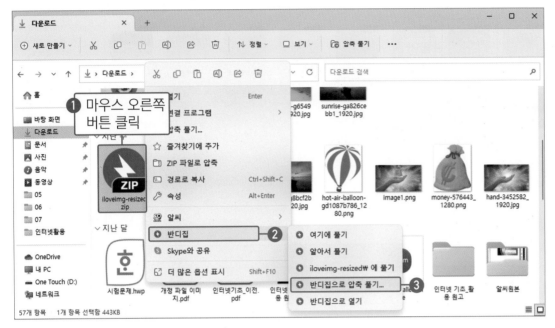

02 [압축 풀 폴더 선택] 대화상자가 나타나면 **압축을 풀 위치를 '문서' 폴더로 선택**한 후 [확인] 버튼을 클릭합니다.

03 압축 풀기에 성공했다는 메시지가 나타났다 사라집니다. '문서' 폴더로 이동하면 압축 파일 이름과 동일한 폴더로 압축이 해제된 것을 확인할 수 있습니다.

❶ [시작(▦)]–[모든 앱]–[반디집]에서 마우스 오른쪽 버튼을 클릭하여 [제거]를 선택합니다.

❷ [프로그램 및 기능] 창이 나타나면 제거할 프로그램인 'Bandizip'을 선택한 후 [제거]를 클릭합니다. 다른 프로그램을 제거할 때도 같은 방법으로 진행합니다.

1 드림위즈 자료실의 [인터넷/네크워크] 분류에서 네이버 웨일 브라우저 소프트웨어를 찾아봅니다.

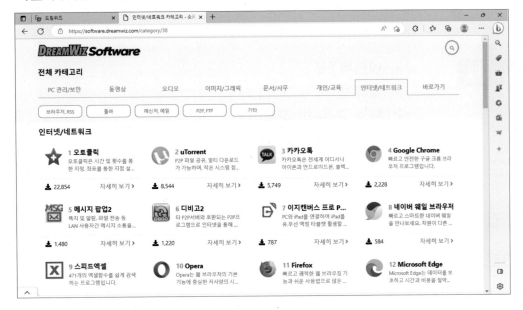

2 드림위즈 자료실에서 이미지 편집 프로그램인 PhotoScape를 찾아서 다운로드한 후 내 컴퓨터에 설치해 봅니다.

> **힌트!** 드림위즈 자료실의 오른쪽 상단의 🔍를 클릭하여 'PhotoScape'를 입력하여 검색하거나 [이미지/그래픽] 분류에서 찾아봅니다.

08 필요한 콘텐츠만 골라보기

학습 포인트

- 네이버TV
- 유튜브
- 채널 구독 및 취소
- 크롬 웹 브라우저

인터넷에 접속할 수 있는 웹 브라우저는 마이크로소프트 엣지 외에도 많습니다. 여기서는 마이크로소프트 엣지로 네이버TV에 접속하여 관심 있는 채널을 구독하고 영상을 지속적으로 제공받는 방법과 구글 크롬 웹 브라우저로 유튜브에 접속하여 관심 있는 채널을 구독하는 방법에 대해 알아보겠습니다.

미 리 보 기

01 | 학습 다지기   영상 구독

본래 구독이란 독자가 책이나 만화, 신문, 잡지 등을 사서 읽는 행위를 말합니다. 정기적으로 연재되는 웹툰이나 뉴스 등 외에도 동영상 스트리밍 사이트에서 좋아하는 영상 채널을 구독하면 구독한 채널에서 새로운 영상을 서비스할 때마다 알림을 받고 영상을 시청할 수 있습니다.

① 네이버TV(tv.naver.com)

네이버에서 운영하는 동영상 스트리밍 사이트로, 영상을 시청하고 공유할 수 있습니다. 웹드라마, 웹예능, 360° 동영상 등 30여 개의 테마관을 제공하고 있습니다. 초기에는 일반인은 채널을 개설할 수 없었으나 요즘에는 일반인들도 일정한 절차를 거쳐 네이버에서 승인을 받으면 채널을 개설하여 동영상을 제공할 수 있습니다. 유튜브에 비해 채널 개설이 어려운 만큼 네이버TV에서는 음란, 불법 영상이 적고 양질의 동영상을 볼 수 있습니다. 또한 네이버에서 제공 중인 스트리밍, 생방송 동영상 서비스는 모바일에서는 네이버 나우 앱에서 통합해서 운영 중이나 웹은 현재 분리되어 있습니다. 추후에 네이버 NOW(now.naver.com)로 통합될 예정입니다.

② 유튜브(www.youtube.com)

유튜브에서는 가입만으로 채널을 개설하여 동영상을 업로드할 수 있기 때문에 네이버TV보다 다양한 동영상을 볼 수 있습니다. 하지만 불특정 다수의 사람들이 동영상을 공개하기 때문에 음란, 불법 영상도 있으므로 양질의 동영상만 검색해서 보는 것이 좋습니다.

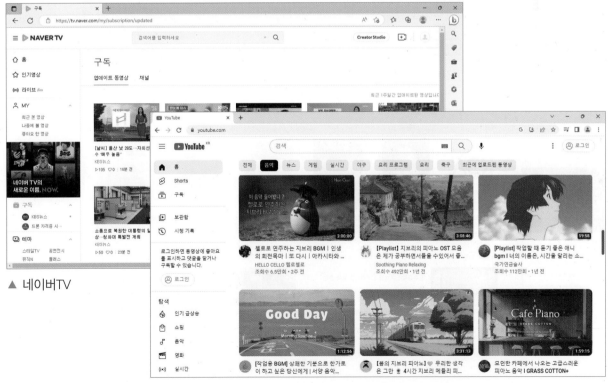

▲ 네이버TV

▲ 유튜브

01 마이크로소프트 엣지를 실행한 후 네이버(www.naver.com)에 접속하여 로그인합니다. 네이버 검색창 아래 ⋯를 클릭한 후 [네이버TV]를 클릭합니다.

02 네이버TV의 검색창에서 찾고자 하는 영상의 검색어를 입력합니다. 여기서는 '**드론자격증**'을 **입력**한 후 Enter 키를 누릅니다. 드론자격증과 관련된 채널과 동영상이 검색되면, 그 중 **채널 하나를 선택**합니다.

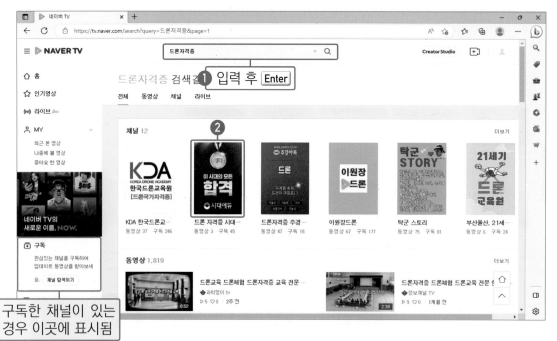

03 해당 채널에 등록된 영상들이 나타납니다. 해당 채널의 구독자 수, 재생 수, 좋아요 수, 동영상 수를 확인할 수 있습니다. **보고 싶은 영상을 클릭**합니다.

04 영상이 재생됩니다. 업로드된 다른 영상들을 확인한 후 등록된 영상들이 마음에 들면 **[구독] 버튼을 클릭**합니다.

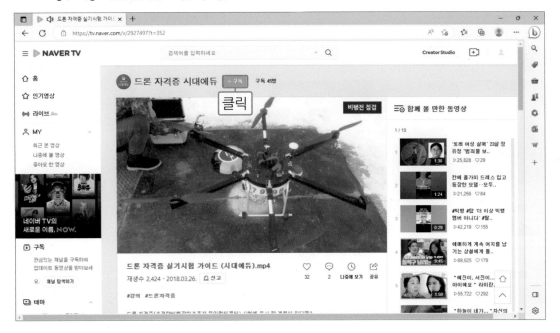

05 [구독] 버튼이 [구독중]으로 변경됩니다. 왼쪽 메뉴의 [구독] 아래에 추가한 구독 채널이 나타납니다.

06 같은 방법으로 **다른 채널도 구독하여 추가**한 후 왼쪽 메뉴에서 **[구독]**을 클릭합니다.

07 구독 채널의 업데이트 동영상 목록이 나타납니다. 새로 업데이트된 동영상을 선택하여 시청할 수 있습니다.

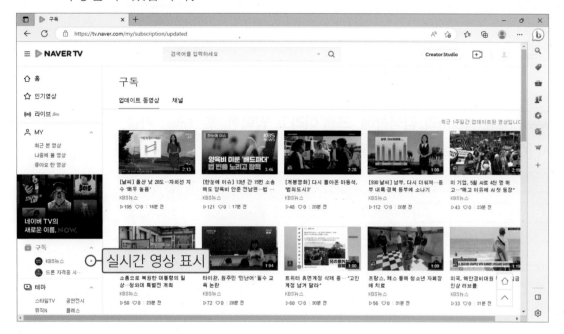

08 구독 페이지에서 [채널] 탭을 클릭하면 구독하고 있는 채널을 볼 수 있습니다.

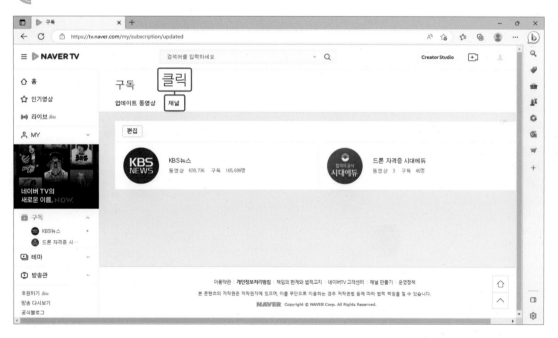

01 네이버(www.naver.com)의 검색창에 '크롬'이라고 입력한 후 Enter 키를 누릅니다. 검색 결과에서 [Chrome 웹브라우저]를 클릭합니다.

02 크롬을 다운로드하기 위해 **[Chrome 다운로드]** 버튼을 클릭합니다.

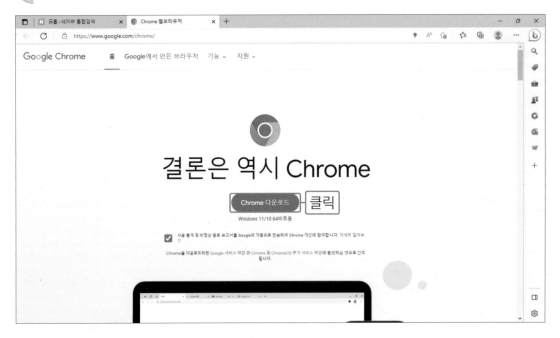

크롬은 구글에서 개발한 웹 브라우저이고, 유튜브는 구글에서 운영하는 동영상 공유 사이트입니다. 크롬은 마이크로소프트 엣지 브라우저와 메뉴나 확장 프로그램이 비슷해서 사용하기 편리합니다. 구글 계정 가입자가 유튜브에 접속하면 따로 가입하지 않고 구글 계정으로 사용할 수 있습니다.

03 다운로드 창의 **[파일 열기]**를 **클릭**합니다.

04 설치 파일의 다운로드가 진행되고, 자동으로 설치 창이 나타나 설치가 진행됩니다.

05 설치가 완료되면 크롬 웹 브라우저가 자동으로 실행됩니다. 나만의 크롬 만들기의 **[시작하기] 버튼을 클릭**하여 몇 가지 단계를 거쳐 책갈피, 백그라운드 등을 설정할 수 있고 [건너뛰기]하면 기본 설정으로 사용할 수 있습니다.

바탕 화면이나 작업 표시줄의 고정된 앱에 크롬 바로 가기 아이콘(◉)이 보이면 더블 클릭하거나 클릭하여 실행합니다. 아이콘이 보이지 않으면 [시작(⊞)]–[Chrome]을 선택하여 실행합니다.

크롬의 화면 구성

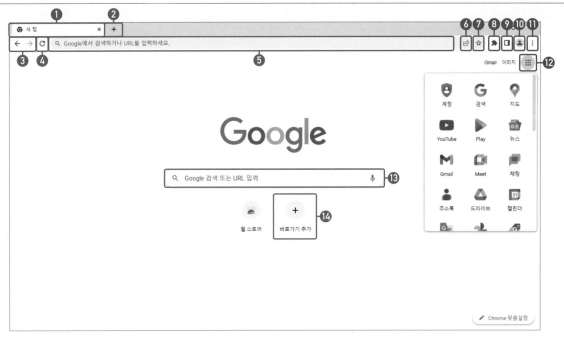

① **페이지 탭** : 현재 열려 있는 웹 페이지의 제목이 표시됩니다.

② **새 탭** : 현재 열려 있는 탭은 그대로 두고 새 탭을 엽니다.

③ **뒤로/앞으로** : 방문했던 이전 웹 페이지나 다음 웹 페이지로 이동할 때 사용합니다.

④ **새로 고침** : 현재 웹 페이지를 다시 불러옵니다.

⑤ **주소 표시줄(옴니박스)** : 주소창과 검색창 기능을 겸합니다. URL을 입력하여 사이트에 접속할 수도 있고, 검색어를 입력하여 검색할 수도 있습니다.

⑥ **공유** : 이 페이지를 공유합니다.

⑦ **북마크** : 현재 탭을 북마크에 추가합니다. 접속한 사이트가 마음에 들 때 클릭하여 북마크에 추가합니다.

⑧ **확장 프로그램** : 확장 프로그램을 설치하거나 관리합니다.

⑨ **측면 채널 표시** : 측면 채널을 표시하거나 숨깁니다.

⑩ **나** : 로그인하여 사용자를 표시하고, 동기화하여 크롬을 사용하는 어느 기기에서든 동일하게 사용합니다.

⑪ **설정** : 크롬 맞춤 설정 및 제어하는 메뉴가 있습니다.

⑫ **Google 앱** : 구글에서 제공하는 여러 가지 앱을 모아둔 곳입니다.

⑬ **검색창** : 검색어를 입력하여 검색하거나 직접 URL을 입력하여 검색합니다.

⑭ **바로가기 추가** : 바로 접속할 수 있는 사이트의 이름과 URL을 입력하여 바로가기에 추가할 수 있습니다.

01 크롬에서 **주소 표시줄(옴니박스)**에 '**유튜브**'라고 **입력**한 후 Enter 키를 누릅니다. 구글 (google.com) 검색 결과에서 **[유튜브]**를 클릭합니다.

잠깐! 오른쪽 상단에 있는 ▦(Google 앱)을 클릭한 후 ▶(YouTube)를 선택해도 유튜브에 접속할 수 있습니다.

02 유튜브(www.youtube.com)에 접속하면 로그인을 하기 위해 오른쪽 상단의 **[로그인]** 버튼을 클릭합니다.

03 구글 계정이 있다면 유튜브에 회원가입을 하지 않아도 로그인할 수 있습니다. 로그인 페이지가 나타나면 구글 이메일이나 휴대전화를 **입력**하고 **[다음] 버튼을 클릭**합니다. **비밀번호를 입력**한 후 **[다음] 버튼을 클릭**합니다.

구글 로그인 완료 메시지가 나타난 후 추가 정보 입력을 요구하는 경우가 있습니다. 추가 정보를 입력하거나 [나중에]를 클릭하여 유튜브 사이트로 되돌아옵니다.

04 **유튜브의 검색창에 찾고자 하는 영상의 검색어를 입력**합니다. 여기서는 '**시대에듀 드론**' 이라고 **입력**하고 Enter **키를 누릅**니다.

05 검색어와 관련된 영상 목록이 나타납니다. 시청할 **영상을 클릭**합니다.

06 광고가 있는 경우 광고가 재생된 후 영상이 재생됩니다. 해당 영상을 제공하는 채널을 구독하여 업데이트되는 더 많은 영상을 보려면 **[구독] 버튼을 클릭**합니다.

> **잠깐만**
> 유튜브에 유료로 가입하면 유튜브에서 서비스하는 영상을 광고 없이 볼 수 있고, 원하는 영상을 다운로드할 수도 있습니다.

07 [구독] 버튼이 [구독중]으로 변경되고 '구독이 추가되었습니다.'라는 메시지가 나타납니다.

08 유튜브 홈 화면으로 이동하면 왼쪽 메뉴 중 [구독]에 구독한 채널 목록이 나타납니다.

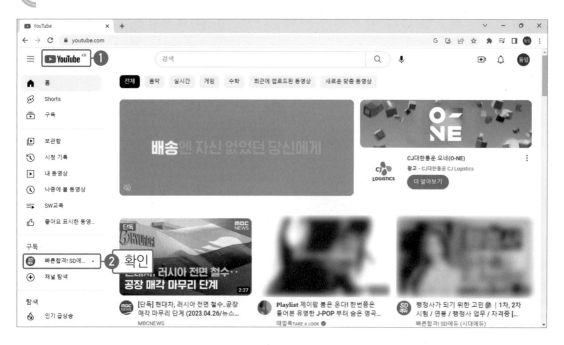

09 같은 방법으로 **다른 채널도 구독을 신청하여 추가**합니다.

- 여러 개의 채널을 구독하고 있는 경우, 왼쪽 메뉴에서 [구독]을 클릭하면 구독 채널들의 영상을 최신 업데이트 순으로 볼 수 있습니다.
- 구독 채널별 영상을 확인하려면 왼쪽 메뉴에서 [구독] 아래의 구독한 채널 목록에서 채널 이름을 클릭합니다.
- 구독 채널 옆에 [((•))] 표시가 있는 경우에는 현재 실시간으로 스트리밍 중인 영상이 있다는 의미이고, [■] 표시가 있는 경우에는 업로드된 영상 중 아직 시청하지 않은 영상이 있다는 의미입니다. 채널에 접속해서 새로운 영상을 확인할 수 있습니다.

유튜브 구독 정보 비공개로 설정하기

개인 유튜브의 구독 정보는 개인의 관심, 취향, 취미, 성향뿐만 아니라 개인이 사는 지역까지 노출시킬 수 있으므로 비공개로 설정하는 것이 좋습니다. 유튜브의 왼쪽 메뉴에서 YouTube 더보기의 [설정]을 클릭한 후 [공개 범위 설정]을 선택합니다. 재생목록 및 구독정보에서 '내 구독정보 모두 비공개'를 클릭하여 '허용'으로 설정합니다.

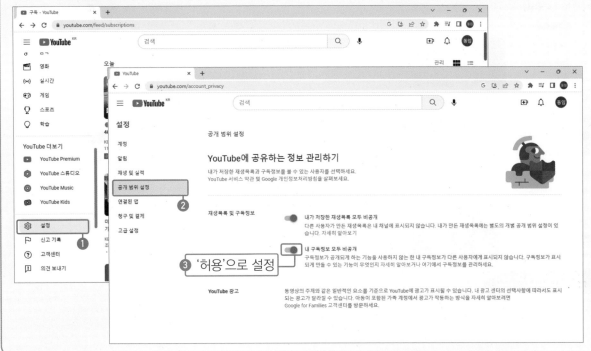

01 **[구독]에 추가된 채널을 클릭**하면 해당 채널 페이지로 이동됩니다. 채널에서 제공하는 동영상, 재생목록, 커뮤니티, 채널, 정보 탭을 각각 클릭하여 영상을 분류해서 볼 수 있습니다. 구독을 취소하려면 **[구독중] 버튼을 클릭한 후 [구독 취소]를 클릭합니다.** 구독을 취소하겠냐는 메시지 창이 나타나면 **[구독 취소] 버튼을** 클릭합니다.

02 왼쪽 메뉴에서 [구독] 아래의 구독한 채널 목록에서 사라지고, '구독정보가 삭제되었습니다'라는 메시지가 표시됩니다. [구독중] 버튼은 [구독]으로 변경됩니다.

실력 다지기

1 네이버TV의 테마 중 푸드TV에서 일간 인기 동영상 1위인 영상을 구독해 봅니다.

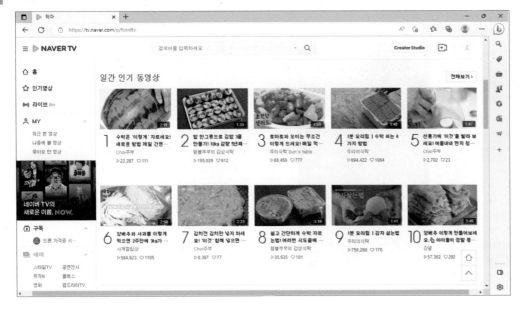

2 네이버TV에서 '방충망청소'로 검색한 영상 중 보고 싶은 영상을 구독 신청하고, [좋아요 한 영상]에도 추가해 봅니다.

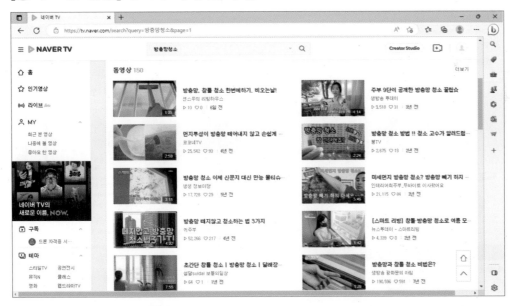

> **잠깐!** 네이버TV에서 영상을 볼 때 오른쪽 하단의 ♡를 클릭하면 '좋아요 한 영상'에 등록됩니다. 왼쪽 메뉴의 [MY]에서 [좋아요 한 영상]을 클릭하면 본인이 좋아요 한 영상 목록이 나타납니다.

3 크롬에서 유튜브에 접속하여 '초급 장기'를 검색한 후 초급 장기를 배울 수 있는 영상의 채널을 구독 신청해 봅니다.

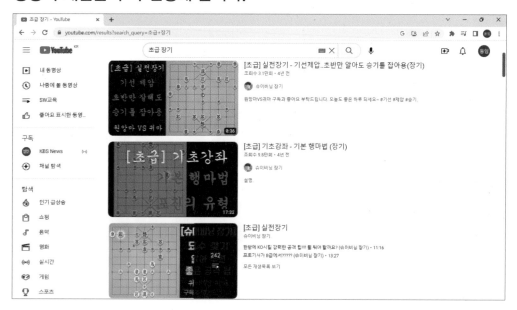

4 유튜브에서 'SD에듀' 채널의 [재생목록]에서 [연표로 잇는 초등 한국사 – 만들기 편]을 재생하고, 마음에 드는 영상은 '좋아요'를 추가하여 좋아요 영상만 모아보도록 합니다.

> 유튜브에서 SD에듀를 검색하여 채널을 클릭한 후 [재생목록] 탭을 클릭하여 영상들을 시청합니다. 마음에 드는 영상은 영상 아래쪽에 있는 [👍]를 클릭합니다.

09 인터넷 속 영화관

학습 포인트

- 네이버 시리즈온
- 영화 다운로드
- 무료 영화관

인터넷을 통해 언제, 어디서나 영화를 즐길 수 있습니다. 일정 금액을 지불하고 감상할 수도 있지만, 무료로 감상할 수도 있습니다. 이번 장에서는 네이버 시리즈온을 통해 무료로 영화를 감상하는 방법에 대해 알아보겠습니다.

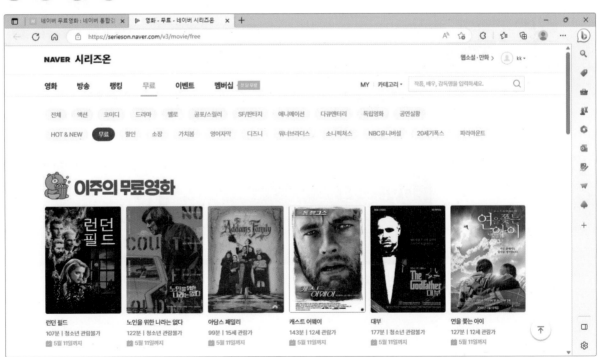

극장에 가지 않아도 영화를 볼 수 있고, 한밤중에도 웹 사이트에 접속하여 컴퓨터를 통해 영화 감상을 할 수 있습니다. 극장에서 상영이 끝난 영화는 금액을 지불하고 다운로드하여 볼 수도 있고, 일부 사이트에서는 무료로 서비스하기도 합니다.

① 네이버 시리즈온(serieson.naver.com)

　최신 영화, 방송 콘텐츠를 감상할 수 있는 사이트로 유료로 구매해서 일정 기간 볼 수 있습니다. 무료 영화관도 운영하고 있으며 수시로 좋은 영화들이 업데이트되고 있습니다.

② 한국영상자료원(www.koreafilm.or.kr)

　한국영상자료원은 문화체육관광부 산하 공공기관으로, 영화에 관련된 영상도서관, 영화박물관 등을 운용하고 있어서 누구나 쉽고 즐겁게 영상 문화를 즐길 수 있습니다. 시네마테크 KOFA라는 무료 영화관을 운영하고 있으며 누구나 인터넷이나 현장에서 예매하여 상영 영화를 볼 수 있습니다.

▲ 네이버 시리즈온

▲ 한국영상자료원

Step 01 네이버 시리즈온에 접속하여 무료 영화 보기

01 네이버(www.naver.com)에 접속하여 로그인하고 검색창에 '네이버 무료영화'라고 입력한 후 Enter 키를 누릅니다.

02 검색 목록에서 [네이버 시리즈온 무료영화]를 클릭합니다.

03 시리즈온 서비스 이용을 위한 약관 동의 창이 뜨면 **[동의하러 가기]** 버튼을 클릭합니다. 약관을 살펴보고 **[동의]** 버튼을 클릭합니다. 약관 동의 완료 창에 **[확인]**을 클릭합니다.

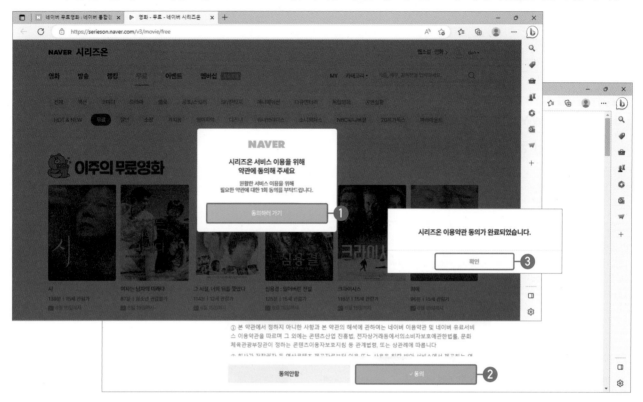

04 네이버 시리즈온에서 무료로 서비스되는 페이지가 열립니다. 매주 무료로 서비스하는 영화가 업데이트되며 기간이 지나면 일정 금액을 지불해야 합니다. 해당 기간에 **무료로 서비스되는 영화 중 하나를 선택**합니다.

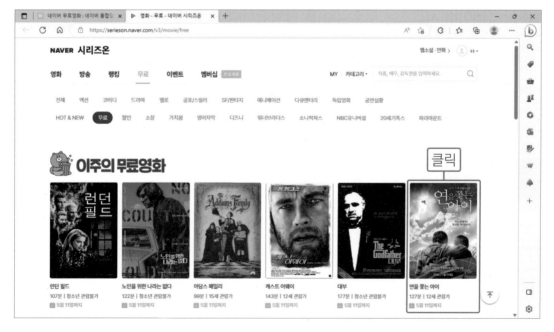

기간에 따라 서비스하는 무료영화가 다르므로 현재 화면과 서비스하는 영화가 다를 수 있습니다.

05 인터넷상에서 콘텐츠를 보려면 **[전체보기] 버튼을 클릭**하여 영화를 무료로 감상합니다.

Step 02   무료영화 다운로드하기

01 재생을 멈추고 상하 막대(스크롤)을 내리면 [다운로드]가 보입니다. 인터넷에 접속하지 않고 영화를 보기 위해 **[다운로드]**를 클릭합니다.

02 서비스 이용을 위해 확장 프로그램 설치가 필요하다는 안내창에 **[확인] 버튼을 클릭**합니다.

03 네이버 동영상 플러그인을 다운로드하기 위해 **[다운로드] 버튼을 클릭**하면 네이버 동영상 플러그인을 추가하겠냐는 창에 **[확장 추가] 버튼을 클릭**합니다.

04 네이버 동영상 플러그인이 마이크로소프트 엣지에 추가되었다는 안내창이 나타납니다.

05 다시 해당 영화를 다운로드하기 위해 **[네이버 시리즈온] 탭으로 이동**한 후 **[다운로드]를 클릭**하면 다운로드 창이 나타납니다. 동영상 다운로더 및 재생을 위한 플레이어 설치를 위해 **[파일 열기]를 클릭**합니다.

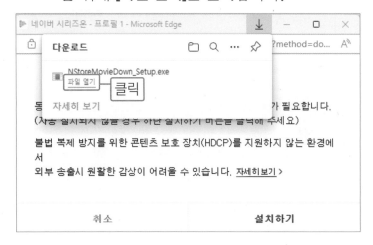

06 **[시리즈온 다운로더 설치]** 창이 나타나면 **[다음] 버튼을 클릭**합니다. 설치가 완료되면 **[마침] 버튼을 클릭**합니다.

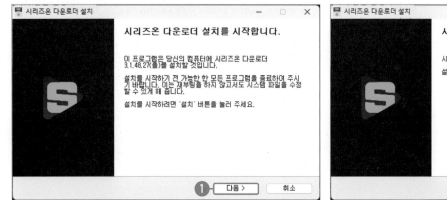
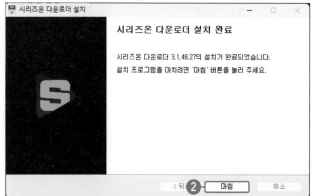

07 계속해서 시리즈온 플레이어를 설치하고 영화를 다운로드하기 위해 다시 **[다운로드]를 클릭**합니다.

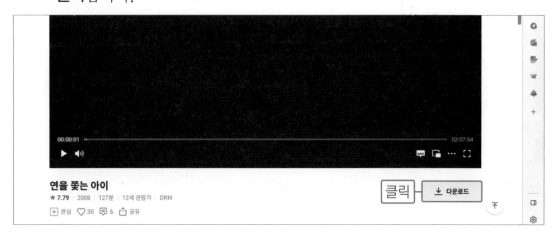

08 [시리즈온 플레이어 설치] 창이 나타나면 설치를 시작하기 위해 **[다음]** 버튼을 클릭합니다. 사용권 계약에서는 **[동의함]** 버튼을 클릭합니다.

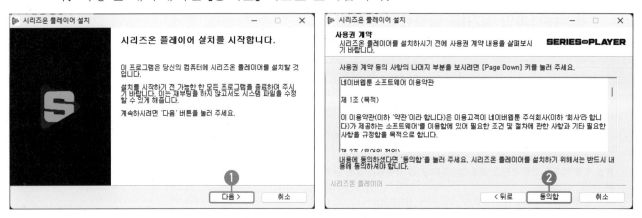

09 설치 위치 선택에서는 기본으로 설정된 설치 폴더를 그대로 두고 **[다음]** 버튼을 클릭합니다. 구성 요소 선택에서는 '시작메뉴 등록'과 '바탕화면에 단축아이콘 등록'에만 체크되어 있는 상태에서 **[설치]** 버튼을 클릭합니다.

10 설치가 완료되면 **'시리즈온 플레이어를 기본 동영상 플레이어로 사용하기'**에 체크한 후 **[마침]** 버튼을 클릭합니다.

11 [다운로드 매니저] 창이 나타나면 **[변경] 버튼을 클릭**하여 영화를 저장할 위치를 '**다운로드**' 폴더로 설정하고, 아래쪽의 '**다운로드 폴더 열기**'에 체크되어 있는지 확인한 후 **[다운로드] 버튼을 클릭**합니다. 다운로드가 진행됩니다.

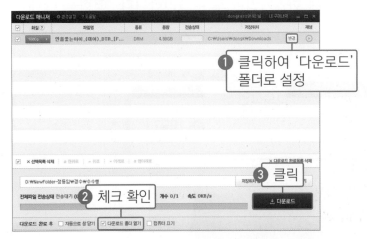

12 다운로드가 완료되면 '다운로드' 폴더가 자동으로 열립니다. 다운로드한 파일을 실행하기 위해 더블 클릭합니다.

13 시리즈온 플레이어로 실행되고, 인터넷에 연결하지 않아도 영화를 감상할 수 있습니다.

무료 영화를 다운로드하면 7일 동안 해당 콘텐츠를 볼 수 있습니다. 다운로드한 영화에 따라 자막 폰트 창이 나타나면 원하는 폰트로 설정한 후 영화 감상을 합니다.

01 한국영상자료원(www.koreafilm.or.kr)에 **회원가입한 후 로그인**합니다. 영화를 예매하기 위해 **[예약]**을 클릭합니다.

02 [정시입장 안내] 창이 나타나면 **[네, 알겠습니다.]** 버튼을 클릭합니다.

03 영화관 예매를 위해 **[시네마테크KOFA]**를 클릭합니다.

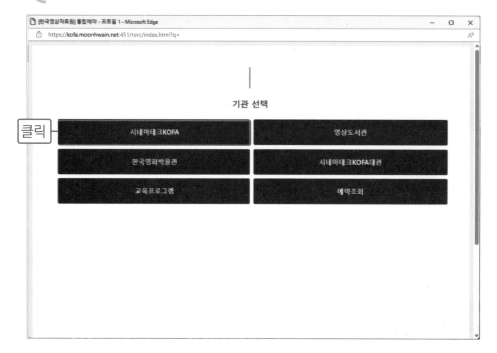

04 캘린더에서 **영화를 볼 날짜를 클릭**합니다. 예매는 당일부터 5일 후까지 가능합니다.

05 선택한 날짜에 상영하는 영화가 나타납니다. 보고 싶은 **영화의 시간(회차)을 선택**하면 개인정보 수집 동의와 영화 연령 확인 창을 거친 후 좌석을 선택할 수 있습니다. 영화 예매 절차에 따라 예매를 완료합니다.

06 해당 날짜의 상영 시간에 맞춰 상암동에 있는 한국영상자료원에 방문하면 예매한 영화를 무료로 감상할 수 있습니다.

1 네이버 시리즈온에서 현재 무료로 서비스 중인 영화를 인터넷상에서 감상해 봅니다.

2 한국영상자료원(www.koreafilm.or.kr)에서 예매한 영화를 예약 취소해 봅니다.

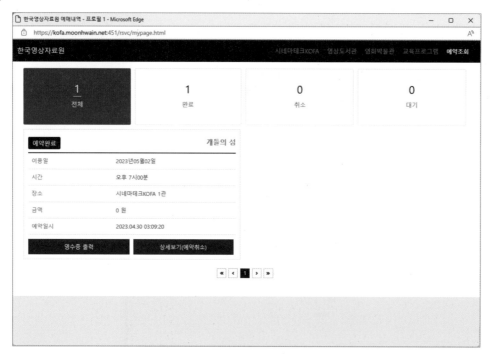

> **잠깐** 한국영상자료원의 [예약조회] 페이지에서 [상세보기(예약취소)] 버튼을 클릭한 후 예매내역 상세보기 창에서 [취소가능] 버튼을 클릭하면 예약을 취소할 수 있습니다.

집에서 쇼핑하기

- 네이버 쇼핑
- 상품 검색
- 상품 최저가
- 네이버페이

인터넷 쇼핑몰을 이용하여 물건을 구입할 경우 시간을 절약할 수 있고 가격 비교를 통해 상대적으로 저렴하게 물건을 구입하여 택배로 집까지 배송받을 수 있습니다. 여기서는 네이버 쇼핑을 활용하여 상품을 찾아보고 최저가로 구매하는 방법에 대해 알아보겠습니다.

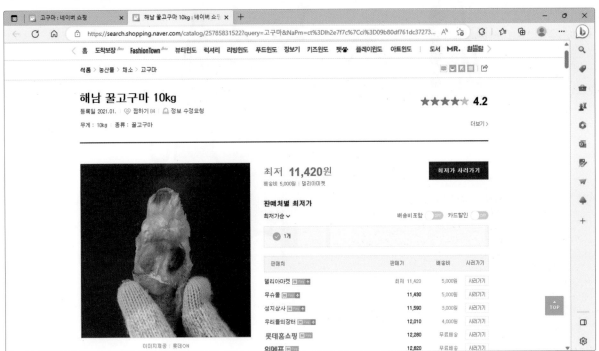

Step 01 인터넷 쇼핑이란?

소비자가 직접 마트나 매장에 가지 않고 컴퓨터를 이용해 인터넷상의 쇼핑몰을 방문하여 물건을 구매하는 것을 '인터넷 쇼핑'이라고 합니다.

인터넷 쇼핑은 시간을 절약할 수 있고 가격 비교를 통해 상대적으로 저렴하게 물건을 구입할 수 있으며, 택배로 배송받을 수 있는 장점이 있습니다. 그러나 구입 전에 상품을 직접 보지 못하고 구매하기 때문에 반품을 원할 경우 판매자에게 반송하는 절차를 거쳐야 하고, 인터넷을 서핑하다가 충동구매로 물건을 구매하거나 허위/과대 광고에 속아서 물건을 구매하는 등의 단점이 있습니다.

인터넷 쇼핑을 할 때는 믿을 만한 인터넷 쇼핑몰인지 살펴본 후 상품평 등을 꼼꼼히 확인하고 물건을 구매해야 합니다. 같은 물건을 다른 상점보다 말도 안 되게 저렴하게 판매하거나 신용카드 거래는 안 되고 직접 송금만 가능한 곳은 이용하지 않는 것이 좋습니다.

가격 비교

인터넷 쇼핑몰은 일반 상점 같은 매장이 없어서 매장을 유지하는 데 쓰이는 임대료와 실내 장식 비용을 줄일 수 있고, 물건을 판매하는 직원의 수도 많이 필요하지 않아 인건비도 줄일 수 있습니다. 오프라인 매장에서는 물건값에 매장 임대료와 실내 장식 비용, 인건비가 더해 져 상품 가격이 정해지지만, 인터넷 쇼핑몰에서는 그 비용을 절약해 상품을 좀 더 싸게 판매 할 수 있습니다.

가격 비교 사이트에서는 다양한 인터넷 쇼핑몰에서 판매하는 제품의 가격을 한눈에 확인할 수 있어 구입하고자 하는 제품의 최저가 상품을 쉽게 찾을 수 있습니다. 대표적인 가격 비교 사이트로는 네이버쇼핑, 에누리닷컴, 다나와 등이 있습니다.

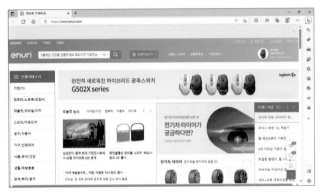

▲ 에누리닷컴(www.enuri.com)　　　　　　▲ 다나와(www.danawa.com)

인터넷 장 보기

인터넷 장 보기는 편리함 때문에 이용자가 늘어나고 있고 방식도 발전하고 있습니다. 1시간 이내 바로배송이나 저녁에 구매하면 다음날 새벽 배송으로 받을 수도 있어 많은 사람이 인터 넷으로 장을 보고 있습니다.

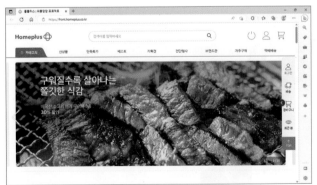

▲ 홈플러스 온라인몰(www.homeplus.co.kr)　　　▲ 이마트몰(emart.ssg.com)

Step 01 네이버에서 상품 검색하기

01 마이크로소프트 엣지를 실행한 후 네이버(www.naver.com)에 로그인하고 [쇼핑]을 클릭합니다.

02 네이버 쇼핑의 검색창에 '고구마'라고 입력한 후 [Enter] 키를 누릅니다.

03 고구마와 관련된 상품이 검색됩니다. 가격을 비교하여 최저가로 구매하기 위해 **[가격비교] 탭**을 클릭합니다.

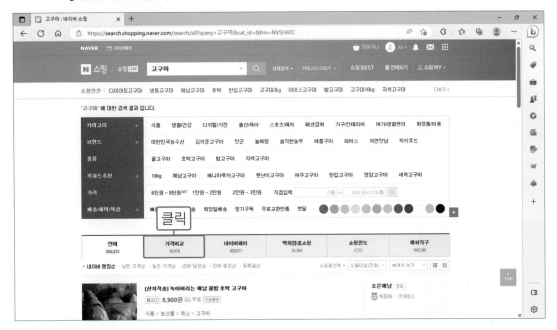

04 왼쪽에는 고구마와 관련된 각 상품이 검색되고, 오른쪽에는 쇼핑몰별 상품 가격이 표시됩니다. 같은 상품이라도 여러 쇼핑몰에서 다른 가격으로 판매되기도 합니다. 상품 하나를 선택합니다. 여기서는 Step 03 | 네이버페이로 결제하기를 실습하기 위해 ⓝ Pay 표시가 있는 항목을 선택해 봅니다.

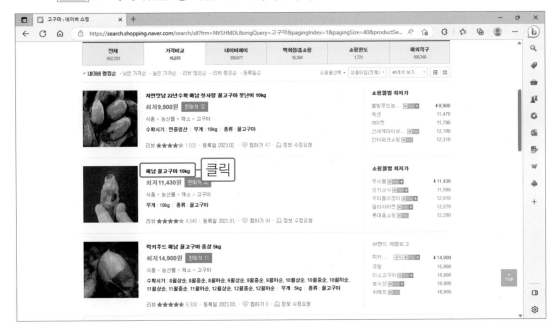

⌨ 잠깐 ⓝ Pay가 표시되어 있는 경우

ⓝ Pay는 네이버페이를 뜻합니다. 다양한 가맹점에 회원가입을 하지 않고 네이버 아이디로 쇼핑, 결제할 수 있는 서비스입니다.

01 쇼핑몰별 상품 가격이 나타납니다. 최저가로 구매하기 위해 **[최저가 사러가기]** 버튼을 클릭합니다.

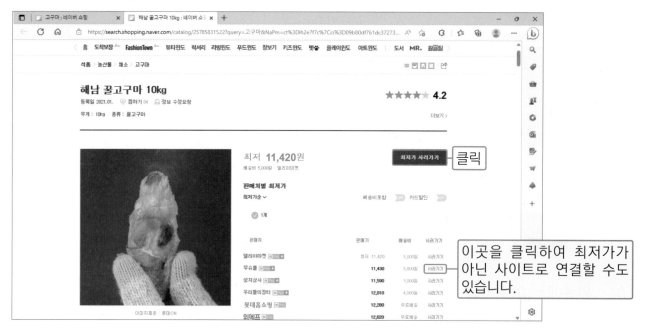

02 최저가 쇼핑몰로 이동합니다. **구매 수량을 설정**하고 네이버페이로 구매하기 위해 **[N구매하기]** 버튼을 클릭합니다.

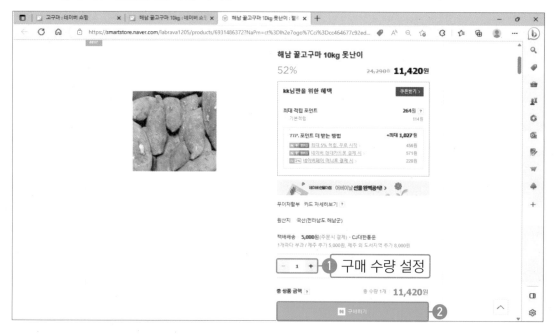

여러 상품을 구매할 때는 [장바구니] 버튼을 클릭하여 장바구니에 담은 후 한꺼번에 구매하는 것이 좋습니다.

03 팝업창이 차단되어서 설정을 변경해 달라는 메시지가 나타나면 **[확인]** 버튼을 클릭합니다. 아래쪽에 팝업을 차단했다는 메시지가 나타나면 **[이 사이트의 옵션(⬚)]** 버튼을 클릭하여 **[항상 허용]**을 선택합니다.

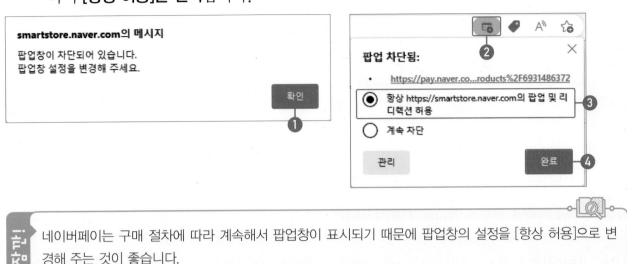

네이버페이는 구매 절차에 따라 계속해서 팝업창이 표시되기 때문에 팝업창의 설정을 [항상 허용]으로 변경해 주는 것이 좋습니다.

04 [네이버페이 이용 동의] 창이 팝업창으로 나타나면 **[이용약관... 모두 동의합니다.]**에 체크한 후 상하 막대(스크롤바)를 내려서 선택에 해당하는 **[혜택/이벤트 정보 알림 수신에 동의합니다.]**는 체크 해제한 후 **[동의]** 버튼을 클릭합니다.

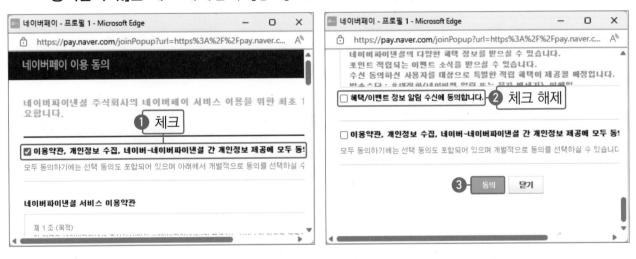

05 혜택/이벤트 정보 알림 수신을 선택하지 않았다는 메시지가 나타나면 **[다음에 하기]** 버튼을 클릭합니다.

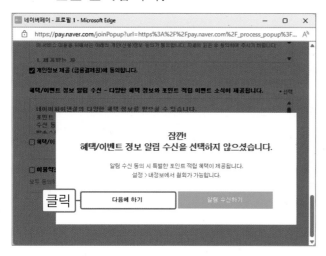

06 배송지정보에 수령인, 연락처1, 배송지 주소를 입력합니다. 연락처1의 **[안심번호 서비스 사용]**에 **체크**하고, 설정한 배송지 주소의 **[배송지목록에 추가]**와 **[기본배송지로 선택]**도 **체크**합니다.

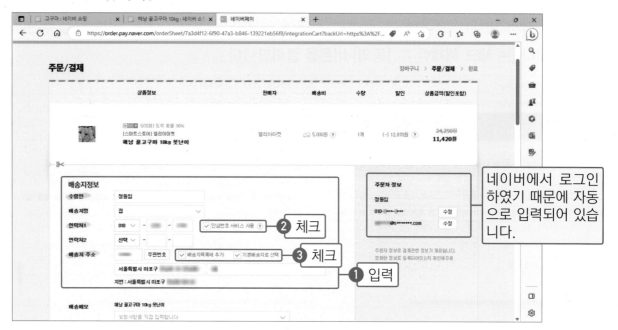

- 안심번호 서비스는 주문자의 정보를 배송 시 택배사에 노출되지 않도록 일회용 번호를 제공해 주는 서비스입니다. 배송 시 안전을 위해 체크하는 것이 좋습니다.
- 설정한 배송지가 자주 사용하는 장소라면 다음에 다시 입력하지 않도록 '배송지목록에 추가'를 체크합니다. 주문자의 집인 경우 '기본배송지로 선택'을 체크하여 기본 배송지로 설정해 두면 편리합니다.

01 할인 및 포인트에서 쿠폰이나 네이버페이 포인트가 있는 경우 적용하고, 결제금액에 반영되었는지 확인합니다. 결제수단에서 '카드 간편결제'를 선택한 후 [간편결제 카드 추가]를 클릭합니다.

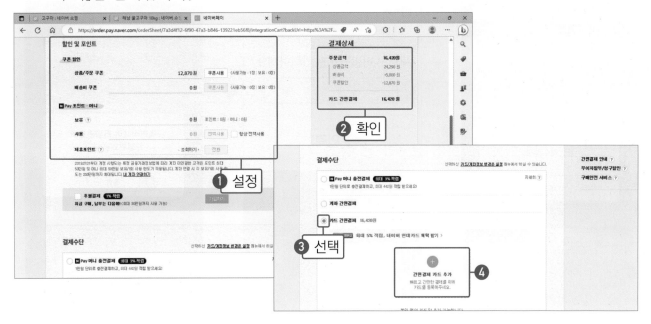

02 [네이버 본인 휴대전화 인증] 창에서 **[아래 약관에 모두 동의합니다.]에 체크**하고, **이름, 성별, 생일, 통신사, 전화번호 등을 입력**한 후 **[인증] 버튼을 클릭**합니다. 입력한 본인의 전화로 **인증번호**가 오면 **[인증번호]를 입력**하고 **[확인] 버튼을 클릭**합니다.

03 네이버페이 비밀번호 설정 안내 메시지에 [확인]을 클릭하면 [네이버 비밀번호] 창이
나타납니다. 네이버페이에 사용할 비밀번호 6자리를 입력하고 **다시 한 번 설정한 비밀**
번호를 입력하여 확인합니다. 네이버페이 비밀번호가 설정되었다는 메시지가 나타나면
[확인] 버튼을 클릭합니다.

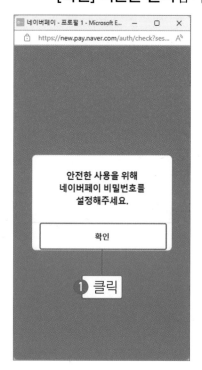 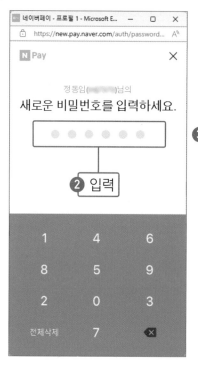 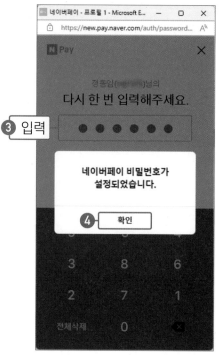

네이버페이 비밀번호는 결제/송금 등의 인증을 위해 이용되므로 잘 기억해 두어야 하며, 타인에게 노출되
지 않도록 주의해야 합니다.

04 [카드정보] 창에 본인의 **카드번호, 유효기간, CVC를 차례로 입력**하고, **카드 비밀번호의**
앞 두 자리를 입력합니다. **[전체 약관 동의]에 체크**한 후 **[완료] 버튼을 클릭**합니다.

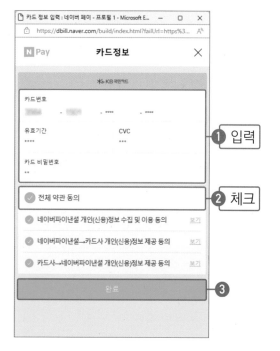

카드사에 따라 앱카드 인증이 필요한 수도 있습니다.

05 [네이버페이 비밀번호] 창에 설정한 **비밀번호를 다시 입력**합니다. 네이버페이에 카드가 등록되었기 때문에 주문서가 새로고침 되었다는 메시지가 나타납니다. **[확인] 버튼**을 **클릭**합니다.

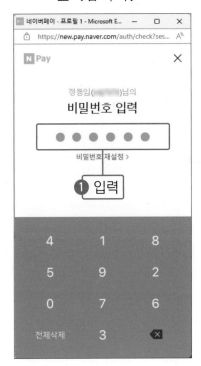

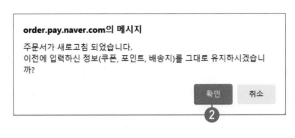

06 주문서를 다시 한 번 확인한 후 상하 막대(스크롤바)를 아래로 내려서 **[결제하기] 버튼**을 **클릭**합니다.

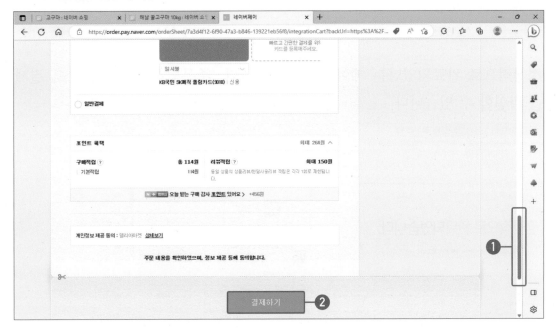

07 [본인 거래 확인을 위한 ARS 인증] 창에서 [**아래 약관에 모두 동의합니다.**]에 **체크**하고, **이름, 성별, 생일, 통신사, 전화번호 등**을 **입력**한 후 [**인증**] 버튼을 클릭합니다. 입력한 본인의 전화로 ARS가 알려준 인증번호를 [**인증번호**]에 **입력**하고 [**확인**] 버튼을 클릭합니다.

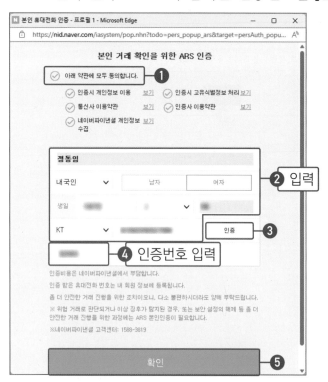

첫 거래 시에만 본인 거래 확인 절차가 이루어지고, 다음 거래부터는 간단하게 네이버페이 비밀번호만으로 인터넷 쇼핑을 즐길 수 있습니다.

08 주문이 정상적으로 완료되었다는 페이지가 나타납니다. 주문번호, 배송지 정보, 결제 정보 등을 확인할 수 있습니다.

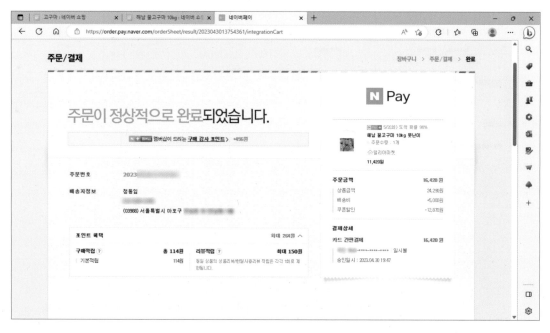

01 주문 완료 페이지에서 상하 막대(스크롤바)를 내려서 **[구매내역 보기]를 클릭**합니다.

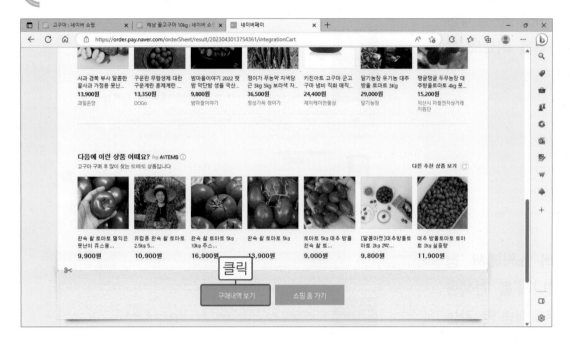

02 구매내역 보기에서 주문을 취소하기 위해 **[취소요청] 버튼을 클릭**합니다. 취소 사유를 선택하고 [취소요청하기] 버튼을 클릭하면 환불받을 수 있습니다.

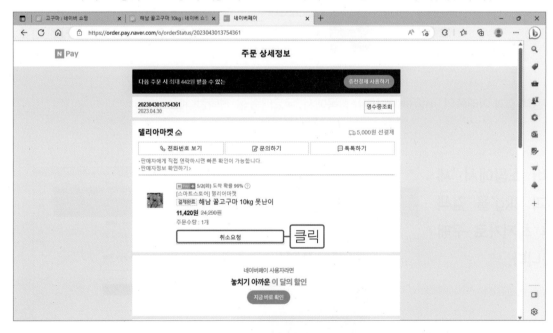

- 네이버 쇼핑 홈에서 주문확인/배송조회 페이지로 이동하려면 오른쪽 상단의 [쇼핑MY]-[주문확인/배송조회]를 선택한 후 주문과 배송 정보를 확인하고 [주문취소] 버튼을 클릭하여 주문 취소를 진행합니다.
- 판매자가 상품을 발송한 이후에는 주문 취소를 할 수 없고 반품 요청을 해야 합니다. 단순변심일 경우 구매 후 바로 주문 취소하는 것이 좋습니다.

1 네이버 쇼핑에서 '생연어 1kg'을 검색한 후 가격을 비교해 봅니다.

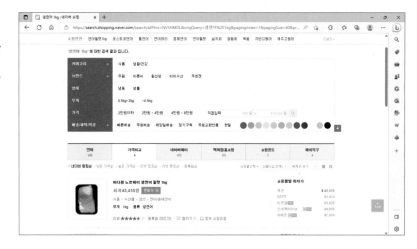

2 네이버 쇼핑에서 '청도 미나리'를 검색한 후 '무료배송'만 가능한 상품을 검색해 봅니다.

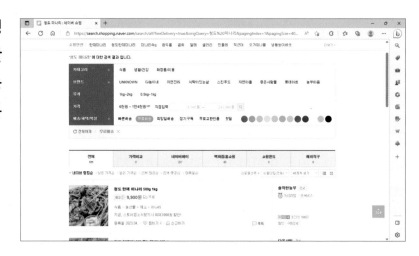

> **힌트!** 검색 결과 아래쪽의 [배송/혜택/색상] 항목에서 '무료배송'을 선택합니다.

3 네이버 쇼핑에서 '세척사과 3kg'을 검색한 후 최저가로 구매해 봅니다.

4 네이버 쇼핑의 '주문/배송상세정보' 페이지에서 주문한 상품을 취소해 봅니다.

5 에누리닷컴에서 1kg 이하의 초경량 노트북을 검색해 봅니다.

> **[한[TIP]]** '에누리닷컴(www.enuri.com)'에 접속 → [컴퓨터/노트북]–[전체 상품 보기] 선택 → [무게]에서 [1kg 이하] 선택

6 홈플러스 온라인마트에서 전단행사 상품을 살펴봅니다.

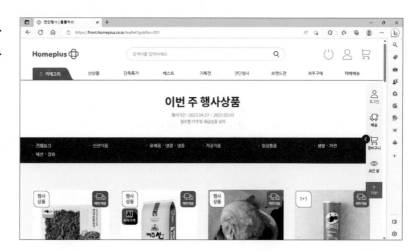

인터넷 활용 (Microsoft Edge)

개 정 1 판 1 쇄 발 행	2023년 07월 20일
초 판 발 행	2020년 05월 25일
발 행 인	박영일
책 임 편 집	이해욱
저 자	정동임
편 집 진 행	윤은숙
표 지 디 자 인	김도연
편 집 디 자 인	김지현, 김세연
발 행 처	시대인
공 급 처	(주)시대고시기획
출 판 등 록	제10-1521호
주 소	서울시 마포구 큰우물로 75 [도화동 538 성지 B/D] 6F
전 화	1600-3600
팩 스	02-701-8823
홈 페 이 지	www.sdedu.co.kr
I S B N	979-11-383-5425-7(13000)
정 가	12,000원

시대인은 종합교육그룹 (주)시대고시기획 · 시대교육의 단행본 브랜드입니다.